진각국사(眞覺國師)

오로지 정법만을 깨닫기 서원합니다.

입을 열면 정법만을 설하기 서원합니다.

중생이 다하는 그날까지 교화하기 서원합니다.

－대원 문재현 전법선사의 3대 서원

# 근현대 전법선맥(傳法禪脈)

## 75조 경허 성우(鏡虛 惺牛) 선사

오도송

| | |
|---|---|
| 홀연히 콧구멍 없는 소 되라는 말끝에 | 忽聞人語無鼻孔 |
| 삼천계가 내 집임을 단박에 깨달았네 | 頓覺三千是我家 |
| 유월의 연암산을 내려가는 길에서 | 六月鷰岩山下路 |
| 일없는 야인이 태평가를 부르노라 | 野人無事太平歌 |

## 76조 만공 월면(滿空 月面) 선사

전법게

| | |
|---|---|
| 구름과 달, 산과 계곡이라, 곳곳에서 같음이여 | 雲月溪山處處同 |
| 선가의 나의 제자 수산의 큰 가풍일세 | 叟山禪子大家風 |
| 은근히 무문인을 그대에게 분부하니 | 慇懃分付無文印 |
| 이 기틀의 방편이 활안 중에 있노라 | 一段機權活眼中 |

## 77조 전강 영신(田岡 永信) 선사

전법게

| | |
|---|---|
| 불조도 전한 바 없어서 | 佛祖未曾傳 |
| 나 또한 얻은 바 없음을… | 我亦無所得 |
| 가을빛 저물어 가는 날에 | 此日秋色暮 |
| 뒷산의 원숭이가 울고 있네 | 猿嘯在後峰 |

## 78대 대원 문재현(大圓 文載賢) 선사

전법게

| | |
|---|---|
| 부처와 조사도 일찍이 전한 것이 아니거늘 | 佛祖未曾傳 |
| 나 또한 어찌 받았다 하며 준다 할 것인가 | 我亦何受授 |
| 이 법이 2천년대에 이르러서 | 此法二千年 |
| 널리 천하 사람을 제도하리라 | 廣度天下人 |

부송(付頌)

| | |
|---|---|
| 어상을 내리지 않고 이러-히 대한다 함이여 | 不下御床對如是 |
| 뒷날 돌아이가 구멍 없는 피리를 불리니 | 後日石兒吹無孔 |
| 이로부터 불법이 천하에 가득하리라 | 自此佛法滿天下 |

이 오도송과 전법게는 대원 문재현 선사님께서 법리에 맞도록 새롭게 번역한 것입니다.

2013년 정맥선원 하계수련회 - 성불사 국제정맥선원에서 대원 문재현 전법선사님과 함께

## 불교 8대 선언문

불교는 자신에게서 영생을 발견하게 한 유일한 종교이다.
불교는 자신에게서 모든 지혜를 발견하게 한 유일한 종교이다.
불교는 자신에게서 모든 능력을 발견하게 한 유일한 종교이다.
불교는 자신에게서 모든 것을 이루게 한 유일한 종교이다.
불교는 자신에게서 극락을 발견하게 한 유일한 종교이다.
불교는 깨달으면 차별 없어 평등하다는 유일한 종교이다.
불교는 모든 억압 없이 자신감을 갖게 한 유일한 종교이다.
불교는 그러므로 온 누리에 영원할 만인의 종교이다.

– 대원 문재현 전법선사 주창

# 바로보인 선문염송 24

바로보인 출판사는 정맥선원에서 운영하고 있습니다.

* 인제산(人濟山) 성불사(成佛寺) 국제정맥선원
487-835, 경기도 포천시 내촌면 음현리 140-2 ☎ 031-531-8805
* 광암산(光巖山) 성도사(成道寺) 광주정맥선원
506-453, 광주광역시 광산구 오운동 115-3 ☎ 062-944-4088
* 도봉산(道峯山) 도봉정사(道峯精舍) 서울정맥선원
132-010, 서울시 도봉구 도봉동 559-24 문젠빌딩 2층 ☎ 02-3494-0122
* 백양산(白楊山) 자모사(慈母寺) 부산정맥선원
607-120, 부산시 동래구 사직동 113-1번지 대륙코리아나 2층 212호 ☎ 051-503-6460
* 인제산(人濟山) 이룬절 포천정맥선원
487-835, 경기도 포천시 내촌면 음현리 8번지 ☎ 031-532-1918
* 대통산(大通山) 대통사(大通寺) 해남정맥선원
487-835, 전남 해남군 화산면 안호리 산 62-2 중정마을 대통산 ☎ 061-536-6366

바로보인 불법 ⑩
바로보인 선문염송(禪門拈頌) 24

초판 1쇄 박은날　단기 4346년, 불기 3040년, 서기 2013년 12월 19일
초판 1쇄 펴낸날　단기 4346년, 불기 3040년, 서기 2013년 12월 26일

역　　저　대원 문재현 선사
펴 낸 곳　도서출판 바로보인
487-835, 경기도 포천시 내촌면 음현리 140
전화 031-534-3373　팩스 031-533-3387
신고번호　2010.11.24. 제2010-000004호

편집·윤문　진성 윤주영
제작·교정　도명 정행태, 진연 윤인선
인　　쇄　가람문화사


www.zenparadise.com

잘못된 책은 교환해 드립니다.
값 15,000원

ISBN 978-89-86214-45-1 04220
ISBN 978-89-86214-21-5 (전30권)

# 불조정맥(佛祖正脈)

## 인 도

교조 석가모니불 (教祖 釋迦牟尼佛)

1조 마하가섭 (摩訶迦葉)

2조 아난다 (阿難陀)

3조 상나화수 (商那和脩)

4조 우바국다 (優波鞠多)

5조 제다가 (提多迦)

6조 미차가 (彌遮迦)

7조 바수밀 (婆須密)

8조 불타난제 (佛陀難提)

9조 복타밀다 (伏馱密多)

10조 파율습박(협) (波栗濕縛, 脇)

11조 부나야사 (富那夜奢)

12조 아나보리(마명) (阿那菩提, 馬鳴)

13조 가비마라 (迦毗摩羅)

14조 나가르주나(용수) (那閼羅樹那, 龍樹)

15조 가나제바 (迦那堤波)

16조 라후라타 (羅睺羅陀)

17조 승가난제 (僧伽難提)

18조 가야사다 (迦耶舍多)

19조 구마라다 (鳩摩羅多)

20조 사야다 (闍夜多)

21조 바수반두 (婆修盤頭)

22조 마노라 (摩拏羅)

23조 학륵나 (鶴勒那)

24조 사자보리 (師子菩提)

25조 바사사다 (婆舍斯多)

26조 불여밀다 (不如密多)

27조 반야다라 (般若多羅)

28조 보리달마 (菩提達磨)

## 중 국

29조 신광 혜가 (2조 神光 慧可)

30조 감지 승찬 (3조 鑑智 僧璨)

31조 대의 도신 (4조 大醫 道信)

32조 대만 홍인 (5조 大滿 弘忍)

33조 대감 혜능 (6 조 大鑑 慧能)
34조 남악 회양 (7 조 南嶽 懷讓)
35조 마조 도일 (8 조 馬祖 道一)
36조 백장 회해 (9 조 百丈 懷海)
37조 황벽 희운 (10조 黃檗 希雲)
38조 임제 의현 (11조 臨濟 義玄)
39조 흥화 존장 (12조 興化 存奬)
40조 남원 혜옹 (13조 南院 慧顒)
41조 풍혈 연소 (14조 風穴 延沼)
42조 수산 성념 (15조 首山 省念)
43조 분양 선소 (16조 汾陽 善昭)
44조 자명 초원 (17조 慈明 楚圓)
45조 양기 방회 (18조 楊岐 方會)
46조 백운 수단 (19조 白雲 守端)
47조 오조 법연 (20조 五祖 法演)
48조 원오 극근 (21조 圓悟 克勤)
49조 호구 소륭 (22조 虎丘 紹隆)
50조 응암 담화 (23조 應庵 曇華)
51조 밀암 함걸 (24조 密庵 咸傑)
52조 파암 조선 (25조 破庵 祖先)
53조 무준 사범 (26조 無準 師範)
54조 설암 혜랑 (27조 雪岩 慧郎)
55조 급암 종신 (28조 及庵 宗信)
56조 석옥 청공 (29조 石屋 淸珙)

## 한 국

57조 태고 보우 (1조 太古 普愚)
58조 환암 혼수 (2조 幻庵 混脩)
59조 구곡 각운 (3조 龜谷 覺雲)
60조 벽계 정심 (4조 碧溪 淨心)
61조 벽송 지엄 (5조 碧松 智儼)
62조 부용 영관 (6조 芙蓉 靈觀)
63조 청허 휴정 (7조 淸虛 休靜)
64조 편양 언기 (8조 鞭羊 彦機)
65조 풍담 의심 (9조 楓潭 義諶)
66조 월담 설제 (10조 月潭 雪霽)
67조 환성 지안 (11조 喚醒 志安)
68조 호암 체정 (12조 虎巖 體淨)
69조 청봉 거안 (13조 靑峰 巨岸)
70조 율봉 청고 (14조 栗峰 靑杲)
71조 금허 법첨 (15조 錦虛 法沾)
72조 용암 혜언 (16조 龍巖 慧言)
73조 영월 봉율 (17조 詠月 奉律)
74조 만화 보선 (18조 萬化 普善)
75조 경허 성우 (19조 鏡虛 惺牛)
76조 만공 월면 (20조 滿空 月面)
77조 전강 영신 (21조 田岡 永信)
78대 대원 문재현 (22대 大圓 文載賢)

# 대원 문재현 선사님 인가 내력

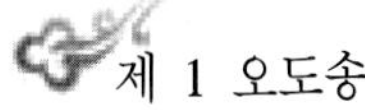

## 제 1 오도송

이 몸을 끄는 놈 이 무슨 물건인가?
골똘히 생각한 지 서너 해 되던 때에
쉬이하고 불어온 솔바람 한 소리에
홀연히 대장부의 큰 일을 마치었네

무엇이 하늘이고 무엇이 땅이런가
이 몸이 청정하여 이러-히 가없어라
안팎 중간 없는 데서 이러-히 응하니
취하고 버림이란 애당초 없다네

하루 온종일 시간이 다하도록
헤아리고 분별한 그 모든 생각들이
옛 부처 나기 전의 오묘한 소식임을
듣고서 의심 않고 믿을 이 누구인가!

此身運轉是何物
疑端汨沒三夏來
松頭吹風其一聲
忽然大事一時了

何謂靑天何謂地
當體淸淨無邊外
無內外中應如是
小分取捨全然無

一日於十有二時
悉皆思量之分別
古佛未生前消息
聞者卽信不疑誰

대원 문재현 선사님의 스승이신 불조정맥 제77조 조계종(曹溪宗) 전강(田岡) 대선사님께서 1962년 대구 동화사의 조실로 계실 당시 대원 문재현 선사님께서도 동화사에 함께 머무르고 계셨다.

하루는, 전강 대선사님께서 대원 선사님의 3연으로 되어 있는 제1오도송을 들어 깨달은 바는 분명하나 대개 오도송은 짧게 짓는다고 말씀하셨다. 이에 대원 선사님께서는 제1오도송을 읊은 뒤, 도솔암을 떠나 김제들을 지나다가 석양의 해와 달을 보고 문득 읊었던 제2오도송을 일러드렸다.

## 제 2 오도송

해는 서산 달은 동산 덩실하게 얹혀 있고
김제의 평야에는 가을빛이 가득하네
대천이란 이름자도 서지를 못하는데
석양의 마을길엔 사람들 오고 가네

日月兩嶺載同模
金提平野滿秋色
不立大千之名字
夕陽道路人去來

제2오도송을 들으신 전강 대선사님께서는 이에 그치지 않고 그와 같은 경지를 담은 게송을 이 자리에서 즉시 한 수 지어볼 수 있겠냐고 하셨다. 대원 선사님께서는 곧바로 다음과 같이 읊으셨다.

바위 위에는 솔바람이 있고
산 아래에는 황조가 날도다
대천도 흔적조차 없는데
달밤에 원숭이가 어지러이 우는구나

岩上在松風
山下飛黃鳥
大千無痕迹
月夜亂猿啼

전강 대선사님께서는 위 송의 앞의 두 구를 들으실 때만 해도 지그시 눈을 감고 계시다가 뒤의 두 구를 마저 채우자 문득 눈을 뜨고 기뻐하는 빛이 역력하셨다.

그러나 전강 대선사님께서는 여기에서도 그치지 않고 다시 한 번 물으셨다.

"대중들이 자네를 산으로 불러내고 그중에 법성(향곡 스님 법제자인 진제 스님. 나중에 법원으로 개명)이 달마불식(達磨不識) 도리를 일러보라 했을 때 '드러났다'고 답했다는데, 만약에 자네가 당시의 양무제였다면 '모르오'라고 이르고 있는 달마 대사에게 어떻게 했겠는가?"

대원 선사님께서 답하셨다.

"제가 양무제였다면 '성인이라 함도 서지 못하나 이러-히 짐의 덕화와 함께 어우러짐이 더욱 좋지 않겠습니까?' 하며 달마 대사의 손을 잡아 일으켰을 것입니다."

전강 대선사님께서 탄복하며 말씀하셨다.

"어느새 그 경지에 이르렀는가?"

"이르렀다곤들 어찌 하며, 갖추었다곤들 어찌 하며, 본래라곤들 어찌 하리까? 오직 이러-할 뿐인데 말입니다."

대원 선사님께서 연이어 말씀하시자 전강 대선사님께서 이에 환희하시니 두 분이 어우러진 자리가 백아가 종자기를 만난 듯, 고수 명창 어울리듯 화기애애하셨다.

달마불식 공안에 대한 위의 문답은 내력이 있는 것이다. 전강 대선사님께서 대원 선사님을 부르기 며칠 전에, 저녁 입선 시간 중에 노장님 몇 분만이 자리에 앉아있을 뿐 자리가 텅텅 비어 있었다고 한다.

대원 선사님께서 이상히 여기고 있던 중, 밖에서 한 젊은 수좌가 대원 선사님을 불렀다. 그 수좌의 말이 스님들이 모두 윗산에 모여 기다리고 있으니 가자고 하기에 무슨 일인가 하고 따라가셨다.

그러자 그 자리에 있던 법성 스님이 보자마자 달마불식 법문을 들고 이르라고 하기에 지체없이 답하셨다.

"드러났다."

곁에 계시던 송암 스님께서 또 안수정등 법문을 들고 물으셨다.

"여기서 어떻게 살아나겠소?"

대뜸 큰소리로 이르셨다.

"안·수·정·등."

이에 좌우에 모인 스님들이 함구무언(緘口無言)인지라 대원 선사님께서는 먼저 그 자리를 떠나 내려와 버리셨다.

그 다음날 입승인 명허 스님께서 아침 공양이 끝난 자리에서 지난 밤 입선시간 중에 무단으로 자리를 비운 까닭을 묻는 대중 공사를 붙여 산 중에서 있었던 일들이 낱낱이 드러나고 말았다. 그리하여 입선시간 중에 자리를 비운 스님들은 가사 장삼을 수하고 조실인 전강 대선사님께 참회의 절을 했던 일이 있었다.

전강 대선사님께서는 이때에 대원 선사님께서 달마불식 도리에 대해 일렀던 경지를 점검하셨던 것이다.

이런 철저한 검증의 자리가 있었던 다음 날, 전강 대선사님께서 부르시기에 대원 선사님께서 가보니 주지인 월산(月山) 스님께서 모든 것이 약조된 데에서 입회해 계셨으며 전강 대선사님께서는 곧바로 다음과 같이 전법게(傳法偈)를 전해주셨다.

### 전 법 게

부처와 조사도 일찍이 전한 것이 아니거늘
나 또한 어찌 받았다 하며 준다 할 것인가
이 법이 2천년대에 이르러서
널리 천하 사람을 제도하리라

佛祖未曾傳
我亦何受授
此法二千年
廣度天下人

덧붙여 이 일은 월산 스님이 증인이며 2000년까지 세 사람 모두 절대 다른 사람이 알게 하거나 눈에 띄게 하지 않아야 한다고 당부하셨다.

만약 그러지 않을 시에는 대원 선사님께서 법을 펴 나가는데 장애가 있을 것이라고 예언하셨다. 또한 각별히 신변을 조심하라 하시고 월산 스님에게 명령해 대원 선사님을 동화사의 포교당인 보현사에 내려가 교화에 힘쓰게 하셨다.

대원 선사님께서 보현사로 떠나는 날, 전강 대선사님께서는 미리 적어두셨던 부송(付頌)을 주셨으니 다음과 같다.

## 부 송

어상을 내리지 않고 이러-히 대한다 함이여
뒷날 돌아이가 구멍 없는 피리를 불리니
이로부터 불법이 천하에 가득하리라

不下御床對如是
後日石兒吹無孔
自此佛法滿天下

위의 송의 '어상을 내리지 않고 이러-히 대한다 함이여'라는 첫째 줄 역시 내력이 있는 구절이다.

전에 대원 선사님께서 전강 대선사님을 군산 은적사에서 모시고 계실 당시 마당에서 홀연히 마주쳤을 때 다음과 같은 문답이 있었다.

전강 대선사님께서 물으셨다.

"공적(空寂)의 영지(靈知)를 이르게."

대원 선사님께서 대답하셨다.

"이러-히 스님과 대담(對談)합니다."

"영지의 공적을 이르게."

"스님과의 대담에 이러-합니다."

"어떤 것이 이러-히 대담하는 경지인가?"

"명왕(明王)은 어상(御床)을 내리지 않고 천하 일에 밝습니다."

위와 같은 문답 중에 대원 선사님께서 답하신 경지를 부송의 첫째 줄에 담으신 것이다.

전강 대선사님께서 대원 선사님을 인가(印可)하신 과정을 볼 때 한 번, 두 번, 세 번을 확인하여 철저히 점검하신 명안종사의 안목에 탄복하지 않을 수 없으며 이에 끝까지 1초의 머뭇거림도 없이 명철하셨던 대원 선사님께 찬탄하지 않을 수 없다.

그리하여 법열로 어우러진 두 분의 자리가 재현된 듯 함께 환희용약하지 않을 수 없다.

이제 전강 대선사님과 약속한 2천년대를 맞이하였으므로 여기에 전법게를 밝힌다.

이로써 경허, 만공, 전강 대선사님으로 내려온 근대 대선지식의 정법의 횃불이 이 시대에 이어져 전강 대선사님의 예언대로 불법이 천하에 가득할 것이다.

바로보인 불법 ⑩

# 바로보인 선문염송(禪門拈頌)

## 24

대원 문재현 선사 역저

# 책을 내면서

『선문염송(禪門拈頌)』은 『전등록(傳燈錄)』과 더불어 세계 최대의 공안집(公案集)이다. 중국에서 출간된 『경덕전등록(景德傳燈錄)』의 양억이 쓴 서문에 의하면 경덕전등록 전30권에는 1,701명의 선사님이 실려 있다.

그런데 선사님 한 분의 어록 안에 여러 공안이 실려 있으므로 전체 공안의 수는 책에 실린 선사님의 수보다 훨씬 많다고 할 것이다.

『선문염송』 역시 본 공안만 해도 1,463칙으로 이루어져 있다. 게다가 각 공안마다 많게는 수십 분, 적게는 한두 분 선사님의 법문과 송(頌)이 딸려 있고, 각 법문과 송에 또한 많은 공안도리가 숨어 있으니 그것들을 다 든다면 만 여 공안이 넘어 오히려 『전등록』의 공안 수를 훨씬 웃돌 것이라고 본다.

이러한 보배 중의 보배가 설두(雪竇) 선사님의 후신이라고 일컬어지는 고려 진각(眞覺) 국사님에 의해 완성되어 우리나라에서 초유

로 간행되었으니 자랑스러운 일이라 아니할 수 없다.

『선문염송』을 보며 석가모니 부처님께서 병에 따라 약을 주시듯 근기에 따라 갖은 방편을 다하여 자유자재 수행인을 제접하신 바가 참으로 희유한 법인 공안도리를 이루게 되었다는 것에서 새삼 경외감을 느꼈다. 또한 설두 선사와 진각 국사 두 몸에 걸쳐 끝내 이 공안집의 완성을 이루신 그 서원에 감동하였다.

그러하니 혼자 몸으로 이 『선문염송』의 전 공안을 번역하고 평하여 바로 보이신 스승님의 지혜와 자비, 원력에 어찌 찬탄의 말씀을 드리지 않을 수 있을까.

『선문염송』은 앞에서도 이야기했듯 우선 본칙부터 전 공안을 망라하다시피 한 방대한 양이며 이에 대해 많은 선사님들의 법문까지 결집해 놓은 터라 부처님으로부터 각 선사님들의 법 쓰시는 바를 손바닥 들여다보듯 하지 않고는 제대로 번역할 수가 없다.

그러므로 이것은 번역이 아니라 다시금 보이셨다는 말이 걸맞을 것이다.

'양구(良久)'라는 한마디도 어떻게 번역하느냐에 따라 수행인이 더욱 분명히 공안을 참구하는 계기가 되는 것이다. 선사님들이 말없이 계시는 내역을 바로 짚기란 여간 어려운 것이 아닌데 스승님께서는 이를 의로(意路)에 따라 읽어내어 '잠잠히 있다가' 혹은 '말없이 보이고'로 번역하셨다.

또한 양구의 내역뿐 아니라 법문의 어디에 선사님들의 참 의중인 공안이 숨어있는가를 고스란히 드러내어 그 공안을 바로 참구할 수 있게끔 번역하셨으니 공안참구의 길잡이 역할을 하셨다는 것을 독자들은 바로 알아차릴 수 있을 것이다.

게다가 난해하기로 유명한 『선문염송』, 어떤 선사도 감히 전 공안에 대해 입을 벌리지는 못했는데 스승님께서는 최초로 전 공안에 취모검 휘두르기를 두려워하지 않으셨다.

한마디로 일체종지를 통달한 이가 아니고는 애시당초 엄두도 내지 못할 일을 거침없이 각 칙마다 일러가셨으니 그 통달한 지혜에 누군들 탄복하지 않을 수 있을까.

더불어 평생에 걸쳐서라도 이 공안집 30권을 바로 보이시겠다는 스승님의 원력과 노고를 잊을 수가 없다. 당신이 아니면 할 수 없는 일이라는 사명감에 국제선원을 짓는 불사와 전국의 제자를 가르치는 와중에도 1992년도부터 9년째 『선문염송』 작업을 놓지 않으셨다.

지금도 눈에 환히 떠오르는 것은 주말마다 선원에 가면 밤늦게까지 불켜진 스승님의 방, 방문을 열면 책상 앞에서 『선문염송』 작업을 하다가 고개를 들어 웃어주시며 피곤한 눈가에 맺힌 눈물을 닦아내시던 스승님의 모습이다.

하루에도 여러 번 불사현장을 오가느라 지친 몸에도 작업을 보면 떨치고 일어나 앉으셨다. 그때마다 얼마나 죄스럽고 안타까운 마음이었던가.

『바로보인 전등록』 전 30권의 완역과 더불어 이 『바로보인 선문염송』 30권의 역저로 스승님의 번개 같은 지혜와 후학자를 위한

자비의 빛이 제불보살님, 뭇 선사님들의 광휘와 더불어 스러지지 않을 것을 믿는다.

『선문염송』30권 중 1권은 대부분 석가모니 부처님께서 보이신 공안으로 이루어져 있다. 당시에 이러한 공안도리로써 제접하셨다니 부처님께서는 시공을 초월한 분이란 것을 증명한 대목이라 아니할 수 없다.

그럼에도 불구하고 공안도리가 마치 석가모니 부처님 당대에는 없었던 조사님들만의 특별한 법인 양 말씀하시는 분들이 많은 것이 안타깝다.

조사님들이 최상승인 조사선 도리로 제창하셨다 하나 부처님과 비교하는 것은 당초에 어리석은 논의라고 본다.

부처님께서 영산회상에서 꽃 들어 보인 소식 하나만 보더라도 그러하다. 여기 어찌 조사선, 여래선을 논하랴.

꽃 들어 보임에 온통 법계라
가섭이 미소지음 흔연히 나뉨없어
이 소식 알련가
덩실 덩실 더덩실

2000년 9월 1일

진성(眞性) 윤주영(尹柱瑛)

# 서 문

말세가 되어 마(魔)는 강해지고 법(法)은 쇠약해져 사법(邪法)을 추구하는 사람들이 늘어나면서 사법이 무성해지고 세상이 혼란해지니 그 어느 때보다도 정법(正法)이 요구되는 시점이다. 그래서 미력하나마 감히 어둠을 밝히는 등불이 되기를 결심한 터였다.

그런데 부산에 사는 하목원님이 염송번역 본문 두어 권을 가지고 와서 '내가 보아도 번역을 이렇게 해서 되겠나 하는 대목이 많아서 가져왔습니다. 아무리 교화에 바쁘시더라도 스승님께서 틈을 내셔서 번역을 하셔야 되겠습니다.'라고 간곡히 청하여 『선문염송』 번역에 착수하게 되었다.

부처님과 조사님들의 가르침은 오직 깨달음에 뜻이 있다. 그 가르침의 진수만을 진각 국사께서 가려 결집해 놓은 것이 바로 『선문염송』이다. 이 주옥 같은 공안들을 누구나 볼 수 있어야 하는데 한문 원본으로 있거나 부처님들과 조사님들의 근본 뜻과는 먼 번역본들뿐이니 어떠한 일이 있어도 금생에 완역을 하여 불조의 뜻을 바로 보게 하겠다는 맹세를 스스로 하게 되었다.

그러나 막상 번역에 착수하고 보니 오자는 아님에도 여러 본을 구해놓고 보아도 뜻이 통하지 않는 대문이 많았다. 그럴 때마다 국내 대형 서점을 돌아다니며 옛 한자사전 또는 대형 한자사전을 구해서 조사님 당대에는 그 글자가 어떠한 뜻으로 쓰였는가를 찾고, 그것이 위아래 뜻에 통하는가 관조하여 불조(佛祖)의 본 뜻에 어긋나지 않는 번역이 되도록 최선을 다하였다.

그러나 혹 미비한 점이 있다면 강호제현님들의 명안책언(明眼嘖言)이 있기를 바란다.

이 책이 나오기까지 편집·윤문에 진성 윤주영, 제작·교정에 도명 정행태, 진연 윤인선이 수고한 바에 깊이 감사한다.

또한 이 책을 보는 이들 모두가 성불(成佛)로 회향(回向)되기만을 빈다.

어떻게 회향할 것인가?

옥녀봉 위 흰 구름 한가롭고
광암의 저수지 짙푸르다
진연아, 차 한 잔 내오렴

단기(檀紀) 4333년

불기(佛紀) 3027년

서기(西紀) 2000년

무등산인 대원 문재현
(無等山人 大圓 文載賢)

# 차　례

## 일러두기

1. 장설봉(張雪峰) 선사님께서 현토한 본을 가지고 번역하되 뜻이 통하지 않는 곳은 동국대 역경원본, 백봉(白峯) 거사본을 모두 참고하여 오자가 없고 본 공안 이치에 어김이 없도록 최선을 다하였다.

2. 위와 같이 여러 본을 두루 살펴보아도 뜻이 통하지 않는 경우에는 그 조사(祖師) 당시에 그 글자가 어떤 뜻으로 쓰였는지 옛 한자 사전을 찾아 번역하였다.

3. 특별한 일화나 선가(禪家)에서 두루 쓰였던 용례를 모르고는 번역할 수 없는 것들은, 중국의 고사성어 사전이나 일본과 중국의 최대 표제어의 선어사전(禪語辭典)에서 찾아 번역하였다.

4. 원문의 한자는 오자(誤字)가 적은 장설봉 선사님께서 현토한 본을 기본으로 입력하였으나, 고자(古字)가 많아서 입력이 어려운 경우 현대에 널리 쓰이는 동자(同字)를 취하여 입력하였다. 또한, 장설봉 현토본에도 오자가 있을 때에는 동국대 역경원본을 참고하였다.

5. 각 칙마다 역저자인 대원 문재현 선사님의 도움말과 시송을 더하여 공안의 본 뜻을 들추어내 놓았다.

6. 제목은 본칙의 핵심이 되는 공안도리로 다시 정하였다. 그것이 마땅치 않을 때는 무엇에 대해 문답하고 있는지를 살펴서 문답의 주제나 소재를 제목으로 하였다.

## 1018칙 수미산이니라

 본 칙

운문 선사에게 어떤 선승이 물었다.
"학인이 한 생각 일으키지 않아도 허물이 있습니까?"
운문 선사가 대답하였다.
"수미산이니라."

雲門因僧問 學人 不起一念 還有過也無 師云 須彌山

ᘓ 승천종 선사 송

복병으로 승리 길을 연 늙은 운문이
집안과 나라를 안정시켜 홀로 무리에서 뛰어났도다
하늘가의 수미산을 멀리 가리키니
얼마나 많은 납자들 구름을 쫓아 달렸던가

承天宗 頌
埋兵決勝老雲門
安靜邦家獨出倫
遙指須彌在天際
幾多衲子逐雲奔

## ☁ 천복일 선사 송

수미산 보는 자체를 보라
거기는 험난해서 나아가기 어렵다
바닷가로 다투어 나아가던 겹겹 흔적 바라보나니
사방의 바다 광대하고 아득한데 칠금산[1]이 차갑다

薦福逸 頌
看看須彌山
就中巇嶮路行難
競向海門疊跡望
四溟浩渺七金寒

1) 칠금산(七金山) : 수미산 둘레에 일곱 겹으로 된 산. 모두 금으로 되어 있다고 한다.

장산전 선사 송

수미산이라고 했으니 멍청하지 말라
유람하다가 지나치면 돌이키기 어렵다네
천고 만고에 높이 솟아 푸른데
허공을 가로질러 끊은 듯한 바다가 차다

蔣山泉 頌
須彌山莫顢頇
遊獵子過還難
千古萬古碧巑岏
橫空截斷海門寒

ථ 황룡남 선사 송

작자는 자유자재하여 끝내 헛됨 없으니
근기에 맞추어 수미산이라 했네
끝내 금강제(金剛際)에 이르지 못한 사람들
오래도록 끊임없이 길에서 헤매고 있네

黃龍南 頌
作者縱橫終不虛
應機涌出須彌盧
人窮不到金剛際
相逐年年役路途

ꩰ 진정문 선사 송

한 생각도 일으키지 않는다 하니
바닷속의 수미산이라 함이여
잡아서 곧장 사용한 것이니
바늘이니 송곳이니 분별을 쉬게나

眞淨文 頌
不起一念
海裏須彌
把來便用
休別針錐

ᯅ 불타손 선사 송

문답에 기틀을 따라 깊게도 얕게도 함이여
운문은 끝내 총림을 풍요케 했느니라
지금도 수미산을 향해 앞다퉈 달리니
무수한 평민들이 땅에 묻힘 당하네

佛陀遜 頌
問荅隨機或淺深
雲門終是飽叢林
如今競逐須彌走
無限平人被陸沉

### ~ 보녕용 선사 송

만 길의 봉우리에 우뚝서서 크게 뛰어남이여
잠깐 눈을 깜박이라도 하면 벼랑에서 떨어진다
털끝만큼도 손상할 수 없는 온통한 몸이거늘
하늘이나 인간이 어찌 그를 묻으랴

保寧勇 頌
萬仞峯頭立大乖
須臾眨眼落懸崖
通身不損毫毛者
天上人間安敢埋

## ◌ 동림총 선사 송

근기에 응하여 모자람 없는 작가이기 어려운데
수미산이라고 하여 구름 끝까지 가없이 드러냈네
서쪽에서 오신 귀 뚫린 이가 눈쌀을 찌푸리고 지나가니
남쪽 나라 페르시아인이 고개를 들어 보네

東林惣 頌
善對機宜作者難
彌盧無際現雲端
西來穿耳攢眉過
南海波斯仰面看

ꩲ 천동각 선사 송

한 생각 일으키지도 않는다 했는데 허물이 수미산이라 함이여
소양의 법보시는 인색치 않았도다
긍정하면 두 손에 몽땅 내준 것이지만
망설이면 천 길이라 잡아 오를 길 없네
푸른 바다 넓고, 흰구름 한가하다
터럭만큼이라도 사이를 두지 말아라
거짓의 닭 울음 소리로는 나를 속이지 못하니
관문을 불분명하게 지나침을 긍정할 수 없다

天童覺 頌
不起一念須彌山　韶陽法施意非慳
肯來兩手相分付　擬去千尋不可攀
蒼海闊白雲閑　　莫將毫髮着其間
假雞聲韻難謾我　未肯摸糊放過關

ᗝ 천동각 선사가 다시 송하였다.

한 생각 일으키지도 않는다 하니
수미산이라 함이여
혀는 한 조각 저민 살이요
입술은 두 조각의 가죽일세
운문의 씀이 이와 같이 묘하니
아느니 모르느니 시비에 떨어지지 말게

又頌
不起一念
向道須彌
舌頭一臠肉
口唇兩片皮
雲門得用妙如許
不落是非知不知

## ☁ 숭승공 선사 송

한 생각 일으키지도 않는다 하니 수미산이라 함이여
근심 있는 사람을 어찌 다시 추위 속에 애태우게 괴롭혔을꼬
몇 번이나 봄이 와서 복사꽃 번성했던가
팔 끊음은 모름지기 밤이 다하도록 구하게 해서일세
밤이 다하도록 구하게 함이여, 실로 찬탄할 일이니
부귀한 이, 원래부터 도 배우기 어렵다 하였네

崇勝珙 頌
不起一念須彌山
愁人那更病煎寒
幾廻春至桃花繁
斷臂須教向夜闌
向夜闌實堪嘆
富貴從來學道難

ꔰ 숭녕근 선사 송

돌 죽순에 가지 돋고
진흙소가 달빛에 영각함이여
한 배에 탄 이가 호월[2]임을 누가 알리
근기에 맞추어 수미산이라 함이여
한 생각도 일으키지 않는다 했으니
어디가 누명을 씻을 곳이랴
누명 씻을 곳조차 없음이여
금강보검으로 맞닥뜨리자마자 바로 끊었노라

崇寧勤 頌
石笋抽條
泥牛吼月
誰料同舟自胡越
應機湧出須彌盧
一念不生
何處雪
無處雪
金剛寶劒當頭截

2) 호월(胡越) : 호월은 북방과 남방의 민족으로, 경계를 사이에 둔 대립관계였다.

ෆ 운문고 선사 송

높고 높은 자리를 차지한 수미산이여
힘을 다해 범함 없이 짊어진다고
설사 말을 따라 알려 하지 않는다 하더라도
도리어 마주 보며 속임수를 당함일세

雲門杲 頌
巍巍一座大彌盧
荷負非干氣力麤
縱使不隨言語會
却來當面受塗糊

ↀ 죽암규 선사 송

한 생각도 일으키지 않는다 했는데 수미산이라 함이여
난삼[3]마저 벗어버리고 물러서서 보라
위로는 하늘을 버티고 아래로 땅을 버텼다
말에 앞서 깨달았다 해도 부끄러운 짓이다

竹庵珪 頌
一念不起須彌山
甑着襴衫退步看
直上拄天下拄地
言前薦得也顢頇

3) 난삼(襴衫) : 과거에 급제했을 때 입던 예복.

ꕥ 육왕심 선사 송

운문이 수미산이라 하여 걷어차냄이
그 어찌 팔만 유순뿐이랴
둔한 납자는 어쩔 수 없어
머리를 부딪치고 이마가 깨지는 일, 어찌 그리 많은가

육왕이 여러분을 위해 거짓된 말을 판별해주리라.
(한 손가락을 세우고)
보았는가?
(다시 손가락을 튕기고)
소로실리사바하.[4]

育王諶 頌
雲門踢出須彌盧
豈止八萬踰繕那
杜撰禪和沒奈何
撞頭磕額何其多
育王 爲汝辨譊訛 竪一指云 還見麽 復彈指云 蘇盧悉利薩婆訶

4) 다라니.

ꕤ 개암붕 선사 송

하나의 수미산을 드러냄이여
온 누리가 꽉 찼건만
세간의 끝없이 어리석은 남녀는
도리어 수미산 이야기를 지어낸다

介庵朋 頌
推出須彌一座山
乾坤塞得黑漫漫
世間無限癡男女
却把須彌作話看

ꕤ 무진 거사 송

그윽하고 고요함이 유무를 초월하여
허공이 다하도록 수미산 집어냄이여
설사 해와 달보다 빠르다 해도
궁전을 도는 도중에 있는 걸세[5]

無盡居士 頌
一念沉沉過有無
亘空拈出大彌盧[6]
直饒玉兎金烏急
宮殿巡遊落半途

5) 수미산 정상에는 제석천(帝釋天)이 주인인 33천(天)의 궁전이 있고, 해와 달은 수미산의 허리를 돈다고 한다.
6) 수미산을 범어로 미로(彌盧)라 한다.

ᔕ 본연 거사 송

한 생각도 일으키지 않는다 하니 수미산이라 함이여
그 어찌 천지간의 기틀을 저버린 것이랴
한 물건도 가져오지 않았다 해도 내려놓으라 하였으니
깊이 깨쳐 가없이 텅 빈 데서 날도적이 행한 바라
두 노인 말 가운데 모두 응답이 갖추어져 있음이여
하나는 매를 먹임이요, 하나는 상이로세

(이는 엄양 존자의 한 물건도 가지고 오지 않았다는 화두까지를 겸하여 송한 것이다.)

本然居士 頌
不起一念須彌山
豈負來機天地間
不將一物放下着
深會白拈動寥廓
二老言中俱有響
一人喫棒一人賞
(並擧嚴陽尊者一物不將來話)

ꩰ 무위자 선사 송

한 생각도 일으키지 않는다 하니 수미산이라 함이여
말을 따르고 이야기를 쫓다가는 더욱 알기 어렵네
비단 비늘, 붉은 꼬리가 평생의 소망이라 하니
일 없는 사람이 억지로 낚싯대를 잡게 됐군

無爲子 頌
不起一念須彌山
逐語隨言會轉難
錦鱗赬尾平生事
剛被閑人把釣竿

ↀ 동림총 선사가 상당하여 이 칙을 들고 말하였다.

제방으로 다니면서 도를 배우는 일은 진실로 밝히기 어려운 일이다. 이른바 털끝만치라도 어긋나면 천 리나 멀어진다 했느니라.

보지 못했는가? 어떤 선승이 운문 선사에게 "한 생각 일으키지 않아도 허물이 있습니까?"라고 물으니 운문 선사가 "수미산이니라."라고 답하기에 이르렀으니, 어떻게 생각하는가?

한 생각도 일으키지 않는다 하자마자 벌써 허물이 수미산 같다고 하지도 말고, 한 생각도 일으키지 않으면 앞뒤가 끊어져 참 마음이 홀로 드러나니 마치 수미산 같다고 하지도 말라.

한 생각도 일으키지 않는다고 하지 않은들 어디가 수미산이 아니리오. 올라오고 내려가는 것이 이 무엇인가?

또 말하기를 "만일 수미산을 말하자면 오직 직접 자기 눈으로 봐야지 말로는 설할 수 없다." 하니, 도를 크게 죽이고 말았다. 주장자에 눈구멍이 있는 납자라면 듣자마자 눈쌀을 찌푸리고 코를 막고 비웃으리라.

그러나 어떻게 해야 완전히 흔적을 없애는 구절을 말하겠는가?

(말없이 보이고)

세상 일은 다만 세상의 도리에 의해 판단한다지만, 사람의 마음을 달처럼 고르게 베풀기는 어려우니라.

東林摠 上堂擧此話云 夫遊方學道之事 誠大難明 所謂差之毫釐 失之千里 豈不見 僧問雲門 不起一念至須彌山 且作麽生 莫道你纔道不起一念時早是過了 也如須彌山 莫道不起一念 前後際斷 眞心獨露 猶須彌山 莫道一念不生 何處不是須彌山 上來下去 是什麽 又云 若論須彌 祇可目擊 不可言宣 大殺道了也 若是柱杖頭有眼孔底衲僧 直須纔耳攢眉 掩鼻冷笑 雖然如是 作麽生道得箇剿絶底句 良久云 世事但將公道斷 人心 難與月輪齊

ꩰ 대평연 선사가 눈 오는 날, 상당하여 이 칙을 들고 말하였다.

어떤 때엔 물으면 여러분의 스승이 손가락 하나를 세우거나 한 걸음 나아가거나 할을 한 번 하거나 소매를 떨치고 나가버리나, 상좌들이여, 아직 아니다. 무슨 까닭인가?

대평은 일찍이 6월에 한 줄기 눈을 그대들 앞에 내리게 한 적이 없다. 어떤 이가 나서서 "노화상은 일곱 번 여덟 번 엎어지고 거꾸러지지 마시오. 지금 내리게 한다 해도 옳지 않습니다." 한다면 다만 손을 펴 보이리라.

大平演 因雪上堂擧此話云 有時 問着 師僧 或竪一指 或進一步 或下一喝 或拂袖便去 上座 未在 何故 大平 未曾向二三月間 下一陣雪向汝諸人在 如今 有个漢 出來道 老和尙 莫七顚八倒 見今下也不是 乃展手云了

ꩰ 육왕심 선사가 소참 때에 이 칙을 들고 말하였다.

말해보라. 그 선승의 이야기에 대답한 것인가, 그 선승의 이야기에 대답하지 않은 것인가?

만일 알아내면 문득 상좌들이 최초에 행각을 나설 때의 한 구절, 이른바 생사의 큰 일에 부합될 것이다. 그런데 생사에 대해 이야기할 때 생사를 어떻게 벗어났다 할 것인가.

이 이야기에 즉하여 벗어났다 할 것인가, 이 이야기를 떠나서 벗어났다 할 것인가?

만일 이 이야기에 의하여 벗어났다 하면 이 이야기가 여전히 남아 있거늘 어떻게 벗어났다 할 것이며, 만일 이 이야기를 떠나서 벗어났다 하면 이미 이 이야기를 떠났거늘 무엇을 벗어났다 하겠는가.

어떤 이는 "그의 올가미에 걸리지도 말고, 운문 선사가 지어낸 이야기라고 하지도 말라." 하니, 이렇게 점쳐서는 끝내 아무런 교섭할 곳도 없다.

그리고 운문 선사가 평소에 "한 구절에 삼요(三要)가 갖추어져야 하나니, 이른바 파도를 따르고 물결을 좇음과 뭇 흐름을 막아 끊음과 건곤에 함과 뚜껑 같다는 것이 이것이니라." 하였으니, 그가 말한 수미산은 확실히 어떻게 포섭되어야 하겠는가?

설사 또렷또렷 분명히 보았다 하더라도 다시 미신구(迷身句), 장신

구(藏身句), 격신구(隔身句)[7]가 있음을 또 알아야 된다.

말해보라. 이 세 구절의 같고 다름의 뜻은 끝내 어떤가? 육왕에게도 세 구절이 있으니, 이 기회에 드러내리라.

제 1구는 부처님들이 세상에 나오심이요, 제 2구는 조사께서 서쪽에서 오심이요, 제 3구는 천하의 노숙이다. 만일 여기서 바로 보면 제 1구는 봉황이 아각[8]에 깃들고, 제 2구는 기러기가 먼 하늘을 지나고, 제 3구는 두꺼비가 다듬잇돌 위로 뛰어오른다. 이렇게 자세히 참구해 보라.

育王諶 小叅 擧此話云 且道 是荅這僧話 不荅這僧話 若也見得 便與上座 始初行脚時一句子合 所謂生死事大者 只如生死 作麽生出 爲卽此話出耶 爲離此話出耶 若卽此話出者 此話旣存 又如何出 若離此話出者 旣離此話 又何用出 或者道 不得上他圈襩 不得作雲門話會伊麽卜度 卒未有交涉 且如雲門尋常一句中 須要具三句 所謂隨波逐浪 截斷衆流 函盖乾坤 是 他道个須彌山 端的如何該攝 直饒了了見得分明 更須知有迷身句藏身句隔身句 始得 且道 此三句同別之意 畢竟如何 育王 亦有三句 因而擧似 第一句 諸佛 出世 第二句 祖師西來 第三句 天下老宿 若向者裏見得則第一句 鳳巢阿閣 第二句 鴈過長空 第三句 蝦蟆跳上砧 試請與麽叅詳看

---

7) 격신구(隔身句) : 범부는 흔히 말에 국집하여 그 참뜻을 알지 못하나 뜻을 아는 이끼리 만나면 서로 뜻이 통하여 말은 도리어 그 사이를 막히게 한다는 것.
8) 아각(阿閣) : 황제(黃帝) 때의 누각. 봉황이 와서 깃들었다고 한다. 상서로움.

೧ 밀암걸 선사가 이 칙을 들고 말하였다.

점잖은 운문 선사가 말머리도 모르는구나.

密庵傑 擧此話云 大小雲門 話頭也不識

 대원 문재현은 이 칙을 모두 들고나서 이르노라.

운문 선사여, 수미산에 수미산을 더하지 마시오.

아차차.

험!

## 1019칙 한결같은 말로 대했느니라

 본 칙

운문 선사에게 어떤 선승이 물었다.
"어떤 것이 일대시교(一代時敎)입니까?"
운문 선사가 대답하였다.
"한결같은 말로 대했느니라."

雲門 因僧問 如何是一代時敎 師云 對一說

☁ 설두현 선사 송

한결같은 말로 대했다 함이여, 크게 뛰어나네
구멍없는 무쇠망치로 거듭 쐐기를 박음일세
염부제[9]나무 밑에서 껄껄껄 웃음이여
지난 밤 이룡[10]의 뿔마저 꺾어 부러뜨렸네
특별하고 특별하도다
소양 노인의 한 말뚝일세

雪竇顯 頌
對一說大孤絶
無孔鐵鎚重下楔
閻浮樹下笑呵呵
昨夜驪龍拗角折
別別
韶陽老人得一橛

9) 염부제 : ① 인도(印度). ② 인간세계. 사바세계.
10) 이룡(驪龍) : 용 중의 뛰어난 용으로 머리뿔이 수려하고 위덕을 겸비한 신룡(神龍)이라고 한다.

### ☁ 천복일 선사 송

한결같은 말로 대했다 함이여
먼 하늘 송골매가 만 겹 구름을 일시에 뚫음일세
소양 노인이여, 소양 노인이여
남북동서에 찾을 곳이 없도다

薦福逸 頌
對一說
遼天鶻萬重雲秖一突
韶陽老韶陽老
南北東西無處討

## ☁ 해회연 선사 송

한결같은 말로 대했다 함이여
오천사십팔 권을 다한 바가
바람과 꽃과 눈과 달에 맡겨 널리 전해졌거늘
금강의 뇌 뒤에 무쇠를 더함일세

海會演 頌
對一說
卷盡五千四十八
風花雪月任流傳
金剛腦後添生鐵

꩷ 불감근 선사 송

한결같은 말로 대했다 함이여
섣달 강추위에 흰 눈이 내린다
들여우가 달아나 숨을 때 들원숭이 울고
개울에 얼음 어니 목이 막힌다

佛鑑勤 頌
對一說
臘月苦寒天降雪
野狐竄伏野猿啼
溪水結氷聲帶噎

### ☁ 숭녕근 선사 송

용궁해장[11]의
금문옥첩[12]은
그릇에 던져 기틀을 보인 바요
관문을 파한 장단이다
삼백여 회에 강종(綱宗)을 떨쳤고
사십구년 동안 꼭 같은 말이었네
아라라(阿剌剌), 한결같은 말로 대했다 함이여
깨달은 말은 곧 무쇠도 끊는다네

崇寧勤 頌
海藏龍宮　　金文王牒
逗器觀機　　破關擊節
三百餘會振綱宗　　四十九年同箇舌
阿剌剌對一說　　諦當之言如截鐵

---

11) 용궁해장(龍宮海藏) : 많은 불서(佛書). 용궁 속에 무수한 불경이 있다 한 데서 온 비유의 말.

12) 금문옥첩(金文玉牒) : 불서 속의 글들.

ᯅ 운거원 선사가 상당하여 이 칙을 들고 말하였다.

운문 대사지만 벌써 이것은 분별이다. 운거는 그렇게 하지 않고 방으로 돌아갔을 것이다.

雲居元 上堂擧此話云 雲門大師 早是葛藤了也 雲居 不恁麽 歸堂

 대원 문재현은 이 칙을 모두 듣고나서 이르노라.

만일 지금 어떤 이가 내게 그러한 질문을 해온다면 "산문 밖의 초목들도 일렀거늘 보지도 듣지도 못했던가?" 할 것이다.

## 1020칙 한결같은 말이라는 것도 쓸어버린다

 본 칙

운문 선사에게 어떤 선승이 물었다.

"눈앞의 기틀이랄 것도 없고, 눈앞의 일이랄 것도 없을 때가 어떠합니까?"

운문 선사가 말하였다.

"한결같은 말이라는 것도 쓸어버린다."

雲門 因僧問 不是目前機 亦非目前事時如何 師云 倒一説

ꩰ 설두현 선사 송

한결같은 말이라는 것도 쓸어버린다 함도 한 곡조 나뉨이나
그대 위해 같이 죽고 같이 사는 결단일세
팔만사천이 봉황의 털[13]이 아니요
삼십삼인이 호랑이굴에 듦이다
뛰어나고 뛰어남이여
물속의 달이 흔들리고 흔들린다

雪竇顯 頌
倒一說分一節
同死同生爲君決
八萬四千非鳳毛
三十三人入虎穴
別別
擾擾忩忩水裏月

---

13) 봉황의 털 : ① 자손이 조상에 뒤지지 않는 소질을 가지고 있음. ② 뛰어난 문재(文才). ③ 뛰어난 풍채.

☁ 천복일 선사 송

한결같은 말이라는 것도 쓸어버린다 함이여,
사람을 뼈까지 맑게 하누나
만 리에 구름 한 점 없는데
한 덩어리 흰 눈을 아래로 떨구네
특별하고 특별하다
늙은 선사 혀 끊음을 달게 받는다

薦福逸 頌
倒一說
淸人骨
萬里無片雲
抛下一團雪
別別
潦倒禪翁甘滅舌

### ꩜ 불감근 선사 송

한결같은 말이라는 것도 쓸어버린다 함이여
밀밀한 기틀을 가벼이 누설 마오
영운처럼 복사꽃을 보다가 깨닫고자 하거든
내년의 6월까지 기다려라

佛鑑勤 頌
倒一說
密密之機不輕泄
靈雲欲得見桃花
直待來年三二月

## ○ 숭녕근 선사 송

도적이라야 도적을 알고
쐐기로야 쐐기를 뽑는다
새 발자국과 허공의 구름이요
거울의 그림자와 물속의 달이라
사자는 새끼에게 흔적을 없애는 비결 가르치고
늙은 고양이가 나무에 오르는 것은 몸 지키는 법이로다
활발발! 한결같은 말이라는 것도 쓸어버린다 함이여
수월하게 여우굴을 뒤집음일세

崇寧勤 頌
是賊識賊
以楔出楔
鳥迹空雲
鏡像水月
教兒師子迷蹤訣
上樹老猫安身法
活鱍鱍倒一說
等閑黐却狐狸穴

 대원 문재현은 이 칙을 모두 듣고나서 이르노라.

만약 어떤 이가 내게 "눈앞의 기틀이랄 것도 없고, 눈앞의 일이랄 것도 없을 때가 어떠합니까?" 한다면 얼굴을 내밀며 "여기에도 그런 말이 있던가?" 할 것이다.

# 1021칙 삼일

 본 칙

운문 선사가 수어[14]하였다.

"3일 동안 만나보지 못했다면 예전에 본 것으로 대하지 말라."[15]

대중 가운데 아무도 말하는 이가 없자, 운문 선사가 스스로 대신 말하였다.

"천(千)!"

雲門 垂語云 三日不相見 莫作舊時看 衆 無語 自代云 千

14) 수어(垂語) : 문하의 제자들에게 내리는 말씀.
15) 중국의 속담. 3일간 만나지 못했다면 이전의 그 사람으로 보지 말라는 말이다.

☁ 육왕심 선사가 이 칙을 들고 말하였다.

노산(盧山)은 '일(一)'이라고 하나니, 그대들 여러 사람은 깨달은 곳이 있는가? 한 마디에 적중하지 못하면 천 마디라도 쓸모없느니라.

育王諶 拈 盧山 道箇一 汝等諸人 還有會處麽 一言 不中 千言 無用

 대원 문재현은 이 칙을 모두 듣고나서 이르노라.

옳기는 심히 옳으나 "3일 동안 만나보지 못했다면"이라고 한 운문 대사에게 한 방망이 내리고, "예전에 본 것으로 대하지 말라."라고 한 운문 대사에게 또 한 방망이 내린다.

험!

## 1022칙 호떡이니라

 본 칙

운문 선사에게 어떤 선승이 물었다.
"어떤 것이 부처를 초월하고 조사를 뛰어넘는 말입니까?"
운문 선사가 대답하였다.
"호떡이니라."

雲門 因僧問 如何是超佛越祖之談 師云 餬餅

### ☁ 설두현 선사 송

초월함에 대한 선객들의 질문이 많음에
붙인 틈을 쪼개서 옚을 보았는가?
호떡이라 함 머무를 곳 없거늘
지금껏 천하에 잘못됨이 있구나

雪竇顯 頌
超譚禪客問偏多
縫罅披離見也麽
餬餅堲來猶不住
至今天下有誵訛

### ◌ 투자청 선사 송

불조를 초월하는 이야기를 작가에게 물으니
고단하면 건계의 차나 달여 마시라네
중양날이 가까우니 황금국화 피어나고
깊은 물에 고기 노니, 남 모르게 모래 움직인다

投子青 頌
祖佛超談問作家
困來宜喫建溪茶
重陽日近開金菊
深水魚行暗動沙

## ◌ 천복일 선사 송

천황 도오가 자손을 사랑하여
용담 숭신이 하나를 얻어서[16)]
3대에 통째로 삼켰으니
아무도 씹어 깨뜨린 이 없었다네
소양이 뱉어낸 뒤로
복을 주었다고 하나 재앙을 주었네
그때에 병의 근본을 없애지 못해서
지금껏 재앙의 씨를 품게 되었네

薦福逸 頌
天皇應子孫　　龍潭得一箇
三代渾崙吞　　無人敢皦破
始自韶陽吐出來　謂貽其福却貽災
當時病本無人削　迄至于今作禍胎

---

16) 용담이 어렸을 때 그의 부모가 천황사 옆에서 떡 장사를 하고 있었다. 도오 선사가 천황사에 오자 용담의 집에서 매일 떡 열 개씩을 보내드렸다. 도오 선사는 날마다 떡 한 개씩을 남겨두었다가 용담에게 주면서 "네 자손이 번창하기를 빈다."라고 하였다. 용담이 물었다. "제가 갔다드린 떡을 왜 저에게 주십니까?" 도오 선사가 대답하기를, "네가 가져온 것을 다시 너에게 돌려주는데 무슨 잘못이 있느냐?"라고 하였다. 이 말에 느낀 바가 있어서 도오 선사에게 출가하여 제자가 되었다.

ᨒ 자명원 선사 송

불조를 초월한 말씀, 더 이상 어떻게 베풀꼬
공양 때 호떡을 마음껏 먹게나
호남에서 발우를 펴고 신라에서 씹음이여[17]
아라비아인과 페르시아인[18]이 건널 배를 찾누나

慈明圓 頌
超佛越祖若何宣
充齋餬餠恣情餐
湖南展鉢新羅齩
大食波斯索度船

17) 호남과 신라는 서남쪽과 동쪽으로 십만팔천리 먼 곳, 완전히 반대쪽이다.
18) 원문의 대식(大食)과 파사(波斯)는 아라비아와 페르시아로 서역의 두 나라였다.

ꩲ 취암열 선사 송

어리석은 납자여, 어리석은 납자여
한 개의 호떡을 어찌할 줄 모르는구나
예배할 때 머리를 땅에 대는 것은 그대 마음대로 하라만은
해동의 배는 신라를 지나갔네

翠嵒悅 頌
杜禪和杜禪和
一箇餬餅不奈何
禮拜任君頭着地
海東船子過新羅

## ☁ 정엄수 선사 송

운문의 호떡이 거칠고 투박하나
손 닿는 대로 집어올림에 불조를 초월함이다
시끄럽게 찍찍대는 생쥐들이 씹어 허물어뜨림에
누가 능히 다시 천 균 활을 쏘겠는가

淨嚴遂 頌
雲門餬餠雖麤魯
信手拈來超佛祖
啾啾鼷鼠咬成殘
誰能更發千鈞弩

ꕤ 천동각 선사 송

호떡이라 함 불조를 초월한 말이라지만
맛 없는 이야기거늘 더 이상 어떻게 참구할꼬
납자가 단박에 배부른 줄 안다면
비로소 운문의 얼굴을 볼 적에 부끄러움 없으리

天童覺 頌
餬餅云超佛祖談
句中無味若爲叅
衲僧一日如知飽
方見雲門面不慚

ꩠ 진정문 선사 송

부처와 조사를 초월하는 말씀을
마주보며 드러냈지만 누가 알리오
화살이 신라를 지난 줄 알지 못하고
쓸데없이 호떡이라 한 것을 무성히 논쟁하는가

眞淨文 頌
超佛越祖之談
覿面相呈誰領
不知箭過新羅
動地閑爭餬餠

### ◎ 법진일 선사 송

납자가 초월의 말씀으로 종지를 물었거늘
호떡이라 대답하니 통하였는가
들어 보임에 소양의 종지를 누가 알꼬
씹어봐야 비로소 맛이 다름 알 것일세

法眞一 頌
禪子超談立問宗
對云胡餠若爲通
拈來誰識韶陽旨
咬着方知味不同

ᨓ 숭승공 선사 송

소양의 호떡이라 함 심히 분명하니
불조라고 하더라도 자고로 평등치 못한 걸세
이글대는 풀무에서 달이 솟아 오르는데
카라건타[19]가 손바닥 안에 받쳐 들었네
손바닥 안에 받쳐 들이여
가까운 데에서 들으면 물은 소리가 없다[20]

崇勝珙 頌
韶陽胡餅甚分明
佛祖相將自不平
猛焰紅爐羅出月
佉羅褰馱掌中擎
掌中擎
莫言近聽水無聲

19) 카라건타 : 아수라왕의 이름.
20) 중국 당나라 왕위의 싯구절. '먼 데서 높은 산을 보면 산은 색깔이 있지만, 가까운 데서 물소리를 들으면 물은 소리가 없다'라는 구절이 있다.

## ◌ 자수 선사 송

운문의 한 개의 호떡을
천하의 납자들이 씹고 깨무네
무쇠로 된 어금니가 아니면
흔히 통째로 삼키듯 하네
삼키기는 쉽고 토하기는 어려우니
본래부터 국수와 같다 말라
소양의 관문 빗장을 밟은 뒤에야
비로소 평지에서 파도를 일으키듯 할 걸세

慈受 頌
雲門一枚胡餅
天下衲僧咬嚼
若非鐵作牙關
往往麩圇呑却
呑時易吐時難
莫道從來麵一般
踏着韶陽關棙子
方能平地起波瀾

☁ 삽계익 선사 송

묘봉의 높은 정상의 길 다니기 어려운데
다행히 노공(盧公)이 길을 가리켜 주었네
이 호떡을 먹어왔건만 도리어 배부르지 않다 하면서
남은 국을 어느 곳에서 찾고 있는지 알 수 없구나

雲溪益 頌
妙峯高頂路難行
賴得盧公指去程
胡餠喫來猶未飽
不知何處覓殘羹

ᯅ 불안원 선사 송

운문이 호떡이라 대답했으니
말 이전과 구절 뒤에서 알라
나귀 안장이 아버지 아래턱 같은 줄을
타고 와서도 끝내 모르네
그대의 목구멍에 꽉 찬
호떡을 가져오라
빨리 일러라 빨리 일러

佛眼遠 頌
雲門荅胡餅
言前句後領
驢鞍爺下頷
到了終不省
塞却你咽喉
把將餬餅來
速道速道

### ○ 장령탁 선사 송

왼쪽 눈이 반 근이요
바른쪽 눈이 여덟 량이라[21)]
친하고 먼 것을 묻지 않고
공 있는 자, 상 주리라

長靈卓 頌
左眼半斤
右眼八兩
不問親踈
有功者賞

21) 한 근이 열여섯 량이므로 여덟 량은 반 근이다.

### ○ 목암충 선사 송

호떡을 들어올림에 입맛대로 먹으니
그중의 특별한 맛 거두어 지니기 어렵네
거기에다 소금과 초를 더하지 말라
곁에서 보는 이가 웃으면 낯 부끄럽게 되리라

牧庵忠 頌
胡餠拈來取性飡
个中滋味別應難
莫教更去添塩醋
取笑傍觀有媿顔

ᦲ 개선섬 선사가 상당하여 이 칙을 들고 말하였다.

지금 방 안의 2백 명 납자가 주장자를 가로 메고 동경과 서락 사이의 한 총림에서 나와서 다른 한 도량으로 들어가 도처에서 찬 것을 싫어하고 따뜻한 것을 좋아하여 얼마간이나 먹어왔던가.

누군가가 분명하게 운문 선사의 호떡을 아는 이가 있는가? 산승이 어신 이를 억눌러 친한 백성으로 만들려는 것이 아니나 감히 말하노니 알지 못했다 하노라. 무슨 까닭인가?

산승이 20년 전에 의발 속에 숨겨두었는데 귀신도 모른다. 그대들 한 떼의 무리가 어디서 찾으려는가?

만일 믿지 못하겠거든 오늘 널리 대중에게 공양하리라.

(주장자를 들어서 원상 하나를 그리고)

솜씨 있는 자는 잡아보라.

(다시 말하기를)

거두라.

(자리에서 내리다.)

開先暹 上堂擧此話云 如今堂中 二百員衲僧 橫擔柱杖 東京西洛 出一叢林 入一道場 到處 嫌冷愛熱 喫却多少了也 還有的的地識得雲門胡餠也未 山僧 不是壓良爲賤 敢道未識得在 何故 山僧 二十年前 藏

在衣鉢下 鬼神 莫能知 你者一隊漢 向什麽處摸索 若也不信 今日 普將供養大衆 師遂拈起柱杖 畫一圓相云 好手底 拈取 復云 收 便下座

## ౿ 향산량 선사의 문답

향산량 선사가 이 칙을 들어 어떤 선승에게 물었다.
"호떡이 어떻게 불조를 초월하겠는가?"
선승이 대답이 없자 향산량 선사가 대신 말하였다.
"불의 힘이 크도다."
또 말하였다.
"입도 없다."

香山良 擧此話問僧 只如胡餠 因何超得佛祖 無對 代云 火力校大 又云 無口

☁ 천동각 선사가 상당하여 이 칙을 들고 말하였다.

운문 노인이 가르쳐 베풀기를 잘 하였으니, 호떡이라 함 불조를 모두 초월했다.

치치화화,[22] 두 조각의 가죽이요, 길길요요,[23] 세 치의 혀로다.

특별한 가풍을 펼친 것도 아니요, 기틀에 맞추거나 시절에 응함도 아니다. 생철을 부어 구멍 없는 무쇠망치를 만들어내니, 매우 둥글둥글해서 말뚝 박을 수 없도다.

선덕들이여, 말해보라. 천동이 오늘 말뚝 박은 것인가, 말뚝 박지 않은 것인가? 눈 밝은 납자는 가려내보라.

天童覺 上堂擧此話云 雲門老子 能施設 胡餠 佛祖 俱超越 哆哆啝啝兩片皮 狤狤獠獠三寸舌 不是特地展家風 也非投機應時節 生鐵鑄成無孔鎚 忒團圝兮難下楔 諸禪德 且道 天童 今日 是下楔 不下楔 明眼人 辨取

22) 치치화화(哆哆啝啝) : 어린 아이의 옹알이.
23) 길길요요(狤狤獠獠) : 사람들이 잘 알아듣지 못하는 방언.

☁ 백운연 선사가 상당하여 이 칙을 들고 말하였다.

백운은 그렇게 하지 않으리니, 갑자기 누군가가 "어떤 것이 부처를 초월하고 조사를 뛰어넘는 말인가?"라고 물으면 다만 그에게 "나귀똥은 말똥 같으니라."라고 답하고, 또 "짚신이 헤졌다." 하고, 또 "신령한 거북이가 꼬리를 끈다." 하기만 하리라.

말해보라. 같은가, 다른가? 가려내보라.

白雲演 上堂擧此話云 白雲 卽不然 忽有人 問如何是超佛越祖之談 只向伊道 驢屎 似馬糞 又云 破草鞋 又云 靈龜曳尾 且道 是同 是別 試辨看

☁ 육왕심 선사가 이 칙을 들고 말하였다.

혼연하여 쪼개어 파할 수 없음이여! 고향의 밀로 면을 만듦이 운문 선사에게 없지 않거니와, 못을 끊고 무쇠를 끊는 재주라도 현령의 문하에서는 승인하지 않는다.

育王諶 拈 渾崙擘不破 打麵 還他州土麥 不無雲門 其如斬釘截鐵 顯寧門下 未取聞命

○ 운문고 선사가 대중에게 보이고 이 칙을 들고 말하였다.

운문 선사에게 한 개의 좋은 호떡은 있으나, 불조를 초월하는 도리는 없도다.

雲門杲 示衆擧此話云 雲門 直是好一枚胡餠 要且無超佛越祖底道理

 대원 문재현은 이 칙을 모두 들고나서 이르노라.

전광석화라 하겠으나 말이 많았다. 만약 내게 어떤 이가 그와 같이 물었다면 이르리라.

험!

## 1023칙 한낮에 산 구경을 한다

 본 칙

운문 선사에게 어떤 선승이 물었다.
"어떤 것이 조사께서 서쪽에서 오신 뜻입니까?"
운문 선사가 대답하였다.
"한낮에 산 구경을 한다."

雲門 因僧問 如何是祖師西來意 師云 日裏看山

## ☁ 지문조 선사 송

한낮에 산 구경이 예사로운 일인데
서쪽에서 오신 조사의 뜻 부질없이 헤아리네
황금털 사자를 만나본 이 드무니
흔히들 여우를 이리라 하듯 하네

智門祚 頌
日裏看山也是常
西來祖意謾商量
金毛師子稀逢有
多是狐狸喚作狼

## ☙ 투자청 선사 송

탄연(坦然)이 일찍이 노사(老師)의 안부를 물음이
그 어찌 소양의 한 구절 전한 것만 같으랴
한낮의 화산(華山)이 신선의 손바닥 안에 드러남이여
깊은 밤 원숭이 울음인데 달이 처마 끝에 밝다

投子青 頌
坦然曾問老師安
爭似韶陽一句傳
日裏華山仙掌露
夜深猿叫月當軒

☁ 대홍은 선사 송

한낮에 산 구경을 한다 함이여
절대 멍청하지 말라
삭가라안
이러-히 끝이 없네
화악(華嶽)의 세 봉우리가 거꾸로 서고
봄바람 실은 신마[24]가 장안에 드네

大洪恩 頌
日裏看山
切忌顢頇
爍迦羅眼
也大無端
華嶽三峰頭倒卓
春風信馬入長安

24) 신마(信馬) : 정부의 소식을 전하는 말. 장애 없이 자유롭게 다니는 말.

ᨖ 천복일 선사 송

한낮에 산 구경을 한다 함이여
늠름하고 찬 뭇 봉우리일세
구름이 가로지르고 안개 덮여 있는데
범이 도사리고 용이 서려 있다
천 바위가 경쟁하듯 빼어나고
만 골짜기와 개울이 다투듯 하누나
조사가 왔느니라

薦福逸 頌
日裏看山
群峯凜寒
雲橫霧疊
虎踞龍蟠
千嵒競秀
萬壑爭湍
祖師來也

ᯅ 자수첩 선사 송

한낮에 산 구경을 한다고 한 구절이여
하늘 넓고, 만상(萬象)이 맑다
거북이가 물에 들어가지 않고
육지 길에 먼지를 날리면서 다니네

資壽捷 頌
日裏看山句
天寬萬象淸
烏龜不入水
陸路弄塵行

## ☁ 정인악 선사 송

한낮에 산 구경 좋음이여
맑은 바람이 흰 구름을 쓸어낸다
밤이 되니 어딘가에서 온 불길이
옛 사람의 무덤을 태운다

淨因岳 頌
日裏看山好
淸風掃白雲
夜來何處火
燒出古人墳

## ∽ 숭복여 선사 송

롱의 입구는 좁고 파기는 넓다[25) 함을
동촌의 왕로에겐 알리지 말라
날마다 암자 안에 앉아만 있어
사람들이 거북이만 못하다고 비웃게 될까 해서일세

崇福悆 頌
穀礱淸瘦簸箕肥
莫與東村王老知
怕日只來庵裏坐
儘教人笑不如龜

25) 원문의 롱(礱)은 곡식을 찧는 기구로 입구가 좁고, 파기(簸箕)는 우리나라의 키와 같이 곡식을 까부르는 도구로 널찍하다.

## ♧ 삽계익 선사 송

한낮에 산 구경을 한다 함이여
매우 어렵고도 매우 어렵다
겹겹이 우뚝한 절벽이요
첩첩이 위태로운 봉우릴세
다만 바람에 흔들리는 산 아지랑이만 본다면
그 어찌 폭포소리를 알리오
눈 푸른 노인이여, 눈 푸른 노인이여
아는가, 모르는가?
우습구나! 화산의 그림 위
반랑이 나귀를 거꾸로 탄 모습을 다시 더하였네

雪溪益 頌

| | |
|---|---|
| 日裏看山 | 大難大難 |
| 重重峭壁 | 疊疊危巒 |
| 只見嵐光拂拂 | 爭知瀑布潺潺 |
| 碧眼胡碧眼胡 | 識也無 |
| 堪笑華山圖籍上 | 又添潘閬倒騎驢 |

ශ 불감근 선사 송

비 개인 뒤, 강 위의 두세 봉우리
안개와 아지랑이 쌓여 그 몇 겹이던가
눈으로 본다면 분명히 눈먼 것이나
이근(耳根)의 듣는 곳이면 뛰어난 천성의 들음일세

佛鑑勤 頌
雨餘江上兩三峯
堆疊煙嵐豈計重
眼裏見來端的瞎
耳根聞處出天聰

## ☁ 숭승공 선사 송

소양이 한낮에 산 구경을 즐긴다 함이여
새 소리, 원숭이 소리에 천지보다 넓음일세
숲 어귀에 소리 있어 들음에
꿰맴 없는 바위머리에 들게 하네
화관(花冠)을 쓴 무당이 금방울을 흔들고
나무칼 든 신선이 나무칼을 제단에 올린다
선객들의 바보짓 그치지 않으면
양주의 나룻배가 계곡으로 내려가게 되리[26)]

崇勝珙 頌
韶陽日裏好看山　鳥語猿吟天地寬
林口有聲雖可聽　石頭無縫若爲鑽
花冠巫祝搖金鐸　木劍仙生上蘸壇
禪客顚預如未止　楊州船子下溪灘

26) 원문의 계탄(溪灘)은 산과 산 사이 물이 적고 급하며 돌이 많은 곳이다.

ᢀ 무위자 선사 송

한낮의 산 구경, 눈에 가득한 푸르름이여
천 바위, 만 골짜기가 다투듯 기기묘묘하네
골 어귀에 구름이 막혀 끊어졌다 의심터니
이르르고야 비로소 길 평탄한 줄 알았네

無爲子 頌
日裏看山滿眼青
千嵒萬壑鬪縱橫
洞門疑是雲遮斷
到者須知路坦平

## ○ 조횡유 선사의 문답

어떤 선승이 조횡유 선사에게 물었다.

"선사(先師)께서 말씀하시기를 '한낮에 산 구경을 한다.' 하신 뜻이 무엇입니까?"

조횡유 선사가 대답하였다.

"노승이 밭에서 김을 매서 곤함 같으니라."

僧 問趙橫柔先師道 日裏看山意旨如何 師云 老僧恰鋤園困

 대원 문재현은 이 칙을 모두 듣고나서 이르노라.

참으로 허물없는 대답은, 운문 선사가 입을 열기 전에 운문 선사가 일러 마쳤느니라.

## 1024칙 정법의 눈

 본 칙

운문 선사에게 어떤 선승이 물었다.
"어떤 것이 정법의 눈〔眼〕입니까?"
운문 선사가 대답하였다.
"보(普)!"

雲門 因僧問 如何是正法眼 師云 普

ꩰ 대우지 선사 송

부처니 법이니 하여 널리 가게를 열어놓고
화살촉 위에 다시 살촉을 붙이니 크게 어리석도다
눈 밝은 납자가 곁에서 보니
한 줄기 주장자를 두 사람이 마주 든다

大愚芝 頌
說佛說法廣鋪舒
矢上加尖也大愚
明眼衲僧傍覷見
一條柱杖兩人舁

### ∽ 천복일 선사 송

보(普)라는 한 글자여 천연하도다
눈여겨 볼지어다 눈에서 번개 튄다
망망한 우주라도 찾을 곳 없음이여
저울추를 밟아라 무쇠같이 굳으니라

薦福逸 頌
普之一字天然別
着眼看時眸電掣
宇宙茫茫無處尋
秤鎚踏着硬如鐵

### ∽ 진정문 선사 송

일체 무심한 마음이면
자연히 큰 도에 합한다
응해 씀, 때를 맞아 자재하니
묘함과 묘하잖음 나누지 말라

眞淨文 頌
但無一切心
自然合大道
應用在臨時
莫分妙不妙

### ꩜ 숭승공 선사 송

정법의 눈은 영원히 새로우니
보(普)자에 까닭 있음 누가 알리
귀 뚫린 나그네 만나기 드무니
대체로 뱃전에 새기는 사람이라
뱃진에 새기는 사람이여
1년의 계획은 봄에 있느니라

崇勝珙 頌
正法眼長新.
誰知普有因
罕逢穿耳客
多是刻舟人
刻舟人
一年之計在於春

ꩠ 무위자 선사 송

정법의 눈을 보(普)라 하였거늘
영리한 납자들이 흔히 잘못 들더라〔擧〕
잘못 들지 말라
동지에서 한식까지는 백오일이니라

無爲子 頌
正法眼普
靈利衲僧多錯擧
休錯擧
冬到寒食一百五

ꕤ 석문이 선사가 소참법문을 할 때 말하였다.

오늘 밤 소참에는 할 이야기가 따로 없으나 간단히 한 가지 인연을 들어 여러분과 논의해보리라. 기억하건대 어떤 선승이 운문 선사에게 물어서 (중략) "보."라 하였고, 목주 선사는 "소경이다." 했고, 현사 선사는 "바라건대 모래를 뿌리지 말라." 했으니, 물은 것은 같은데 대답은 전혀 다르다. 그 가운데 다리 기둥을 안고 목욕하려는 이도 있고, 닻줄을 내려뜨리고 배를 띄우려는 이도 있고, 자기도 구제하지 못하는 이도 있으니, 여러분이 가려내면 그에게는 법을 가리는 눈이 있어서 불조들과 어깨를 나란히 한다 하겠지만 만일 그렇지 못하면 염라대왕이 밥값을 요구하게 되리라. 알겠는가?

세 사람이 다 같이 거북이를 자라로 알았도다. 이 일을 어찌 쉽사리 이야기할 수 있으랴. 다시 헤아려 걸음을 옮겨 앞으로 나아가려 한다 해도 한바탕의 허물을 면치 못하리라.

石門易 小叅云 今夜小叅 無可話會 略擧一則因緣 與諸人評議 記得僧 問雲門至門云普 睦州云瞎 玄沙云 有願不撒沙 師云 問旣一般 荅有殊異 於中 有抱橋柱澡洗 於中 有解纜放船 於中 有自救不了 諸人若辨得出 許他具擇法眼 與佛祖齊肩 其或未然 閻羅老子 索飯錢在 還會麼 三人 證龜成鱉 此事 豈容話說 更擬踏步進前 未免一場敗闕

☁ 황룡심 선사가 이 칙을 들고 말하였다.

다시 소경이라 하였으니, 두 번 다 보아 깨닫게 하기를 꾀한 것이니라.

黃龍心 拈 更道箇瞎 且圖兩得相見

ꩠ 육왕심 선사가 이 칙을 들고 말하였다.

여기에 향기로운 풀이 있도다.

育王諶 擧此話云 是處 有芳草

ꩰ 육왕심 선사가, 어떤 선승이 풍혈 선사에게 물으니 풍혈 선사가 "소경이다."라고 대답한 것을 다시 들고 말하였다.

온 성 안에 고향 친구가 없네.

又擧僧 問風穴 穴云 瞎 師云 滿城無故人

ಌ 경산고 선사가 상당하여 이 칙을 들고, 이어 어떤 선승이 풍혈 선사에게 물으니 풍혈 선사가 "소경이다." 대답한 것을 들고 말하였다.

두 존숙이 한 번 전하신 말씀에 우열이 있는가? 만일 우열이 있다면 진짜 봉사요, 만일 우열이 없다면 참으로 보(普)리라.
끝내 어떠한가?
구름은 산 봉우리에 한가하여 걷히지 않고, 물은 개울 아래로 몹시도 바쁘구나.

徑山杲 上堂擧此話 又擧僧 問風穴 穴云 瞎 師云 二尊宿荅一轉話還有優劣也無 若道有優劣 眞个瞎 若道無優劣 眞箇普 畢竟如何 雲在嶺頭閑不徹 水流澗下大忙生

 대원 문재현은 이 칙을 모두 들고나서 이르노라.

험!

큰 달은 삼십일일까지 있고

작은 달은 이십팔일까지 있다

# 1025칙 광명을 꿰뚫지 못하면

## 본 칙

운문 대사가 수어하였다.

"꿰뚫었다는 데에서 벗어나지 못한 광명에 두 가지 병이 있으니, 온갖 곳에 밝지 못해서 얼굴 앞에 물건이 있는 듯함이 그 하나요, 일체법이 공함을 꿰뚫었다 해도 은은하게 물상이 있는 듯하면 역시 꿰뚫었다는 데에서 벗어나지 못한 것이다.

또 법신에도 두 가지 병이 있으니, 법신을 깨달았더라도 법에 집착하여 잊지 못하면 자기의 소견이 아직 남아 있음이니 법신이라는 한계에 떨어져 있음이요, 설사 벗어났다 하더라도 놓아버리고 지낸다 하는 것도 옳지 못하니, 자세히 점검하건대 무슨 숨기운인들 있으리오만 역시 병이니라."

雲門大師 垂語云 光不透脫 有二般病 一切處不明 面前有物 是一 透得一切法空 隱隱地 似有箇物相似 亦是光不透脫 又法身 亦有兩般病 得到 法身 爲法執不忘 巳見猶存 墮在法身邊 是一 直饒透得 放過卽不可 子細檢點將來 有什麽氣息 亦是病

ဃ 천동각 선사 송

삼라만상이 험하고 가파름이여
꿰뚫었다는 데에서 벗어났다 해도 눈동자를 끝없이 가린 것이다
저 집안 뜰을 쓸어버릴 힘이 있는 자 누구인가
은사[27]의 흉중에 스스로 이루어져 있는 뜻일세
나루터에 가로 놓인 배는 가을의 푸른 물에 잠겨 있고
노를 저어 갈대꽃 속에 드니, 눈〔雪〕이 밝은 빛을 비친다
황금물고기를 잡은 늙은이가 저자를 생각하며
표표한 조각배로 파도를 넘어 달린다

天童覺 頌
森羅萬像許崢嶸　透脫無方礙眼睛
掃彼門庭誰有力　隱人胸次自成情
船橫野渡涵秋碧　棹入蘆花照雪明
串錦老漁懷就市　飄飄一葉浪頭行

27) 은사 : 도인. 세속을 떠난 사람.

ꩰ 천동각 선사가 소참법문을 할 때 다시 말하였다.

형제들이여, 이 경지를 확실하게 밟은 적이 있는가? 설사 이렇게 철저히 지나왔더라도 다시 온 몸으로 응용하는 시절이 있음을 알아야 된다. 보지 못했는가? 운문 대사가 "꿰뚫었다는 데에서 벗어나지 못한 광명에 (중략) 무슨 숨기운인들 있으리오만 역시 병이니라." 하였으니, 여러분에게도 이 병이 있는가?

만일 이 병이 없다면 모름지기 겪어야 되고, 만일 오랫동안 이 병을 앓았다면 빨리 고쳐야 된다. 얼굴 앞의 푸른 물과 눈앞의 푸른 산이 자기와 어우러지는가?

만일 상응하지 않는다면 몹시 걸릴 것이요, 설사 서로 상응한다 하더라도 역시 장애가 있는 것이다. 어떻게 해야 딱 일치하겠는가?

이 어찌 꿰뚫었다는 데에서 벗어나지 못한 광명의 두 가지 병이 아니겠는가.

법신이 병을 앓는 것을 여러분은 아는가? 설사 곧바로 공(功)이 가지런하고 씀에 낱낱이 밝더라도 역시 벗어나야 하고, 설사 다 벗어났다 하더라도 무슨 숨기운인들 있으리오.

보지 못했는가? 어떤 선승이 낙포 선사에게 "고요함은 법왕의 뿌리요, 움직임은 법왕의 싹이라 하는데 어떤 것이 법왕입니까?" 하니, 낙포 선사가 불자를 세우거늘 선승이 말하기를 "그것은 여전히 법왕의 싹입니다." 하니, 낙포 선사가 "용이 골짜기를 벗어나지 않으니, 누구도 어찌하지 못한다." 하였나니, 형제들이여 그 고덕을 보라.

한 모퉁이만을 지키지 않고, 한 마디, 반 구절로써 뒷사람들을 이끌어 인도함이 매우 곧바른 지름길이었느니라. 만일 대장부라면 그 속에서 한 번의 구역질로 다하고, 한 번 똥 눌 때 마치니라. 공연히 의혹의 그물을 펴서 무엇하겠는가.

又小叅云 兄第 此箇田地 還曾履踐得端的也無 與麽徹底過來 須知有全身應用時節 不見 雲門大師道 光不透脫至有 什麽氣息亦是病 諸人還有此病也未 若未有此病 也須先受過 始得 若久受此病 快須轉却 只如面前淥水 眼底青山 還得與自己 相應也無 若未得相應 大殺相碍 直饒相應 亦有碍在 當合如何行履 豈不是光不透脫兩般病 法身受病 諸人 還知也無 直得功齊用細 亦須轉却 設或轉盡 有什麽氣息 豈不見 僧 問洛浦 寂是法王根 動是法王苗 如何是法王 浦 竪起拂子 僧云 此猶是法王苗 浦云 龍不出洞 誰人奈何 兄弟 看他古德 不守一隅 將一言半句 提誘後人 甚是徑直 若是大丈夫漢 向這裏 一嘔便盡 一屙便了 空懷疑膜廉纖作麽

☁ 운문고 선사가 이 칙을 들고 말하였다.

선(禪)이라는 생각을 할 필요도 없고, 도(道)라는 생각을 할 필요도 없고, 향상(向上)이라는 생각도 할 필요가 없다. 이것이 운문 노장이 실제에 의거해서 하는 말이다. 나의 이런 말도 끝없는 허물이 있으리니, 그대들이 점검해내면 그대에게 법을 가려내는 안목이 있다고 허락하겠지만, 만일 가려내지 못한다면 운문의 갈등 속이리라.

참!

雲門杲 拈 不用作禪會 不用作道會 不用作向上商量 此是雲門老漢據實而論 我恁麽道 有沒量罪過 汝若點檢得出 許汝具擇法眼 若點檢不出 且向雲門葛藤裏 叅

☁ 심문분 선사가 상당하여 이 칙을 들고 말하였다.

검(劍)은 옳지 못함을 인하여 보배갑에서 나오고, 약은 병에서 구출하기 위하여 금병에서 나온다. 서암이 오늘 그대들의 이 네 가지 병을 고쳐주리라.

(주장자를 집어들어 한 번 내리치고)

팔만사천 털구멍이 일시에 열림을 알았는가?

(주장자를 다시 한 번 내리치고)

삼백육십 뼈마디가 몽땅 풀렸음을 알았는가?

(주장자를 다시 한 번 내리치고)

네 가지 병이 일시에 몸에서 사라졌음을 알았는가?

(잠잠히 있다가 주장자를 놓고)

입이 몹시 쓰구나.

心聞賁 上堂擧此話云 劍爲不平離寶匣 藥因救病出金甁 瑞嵒 今日爲你醫這四般病去 遂拈柱杖 卓一下云 還覺八萬四千毛竅 一時開也未 又卓一下云 還覺三百六十骨節 一時解也未 又卓一下云 還覺四般病 一時去體也未 良久 放下柱杖云 可殺苦口

 대원 문재현은 이 칙을 모두 들고나서 이르노라.

운문 선사의 이러한 말씀들이 병의 뿌리를 철저하게 제거하는 데에 뜻이 있다 하겠으나 자세히 보라. 병에 병을 더했느니라. 어디가 병에 병을 더함인가? 가려내보라.

아차차….

# 1026칙 바로 끊는 한 길

 본 칙

운문 선사에게 어떤 선승이 물었다.

"어떤 것이 바로 끊는 한 길입니까?"

운문 선사가 대답하였다.

"주산(主山)의 뒤니라."

선승이 다시 물었다.

"스님께서 가리켜 보여주셔서 고맙습니다."

운문 선사가 말하였다.

"입을 다물라."

雲門 因僧問 如何是直截一路 師云 主山後 僧云 謝師指示 師云 合取皮袋

☁ 심문분 선사가 상당하여 이 칙을 들고 말하였다.

운문 선사는 겨우 반밖에 말하지 못했다. 혹 어떤 이가 산승에게 "어떤 것이 바로 끊는 한 길입니까?" 묻는다면 그에게 "안산(按山) 앞이니라." 하리라.

(잠잠히 있다가)

운문 선사는 향상(向上)에서 바로 끊었고 산승은 향하(向下)에서 바로 끊었느니라. 이러-히 유희하는 사람은 양 끝에 있지 않고, 가고 옴에 수레고 말〔馬〕이고 간에 방해로움이 없다.

편안하고 깊고 그윽하고 소박하니 소나무 사이에 선 이는 청명하고 상쾌할 뿐이니라.

心聞賁 上堂擧此話云 雲門 只道得一半 或有問山僧 如何是直截一路 向他道 按山前 良久 復云 雲門 直截向上 山僧 直截向下 遊人不在兩頭 來往 不妨車馬 坦而深幽而野 松間立者猶蕭洒

 대원 문재현은 이 칙을 모두 들고나서 이르노라.

어떤 이가 내게 "어떤 것이 바로 끊는 한 길입니까?" 한다면 "내 코가 내 입보다 먼저 일렀느니라." 할 것이다.

## 1027칙 구구는 팔십일이니라

 본 칙

운문 선사에게 어떤 선승이 물었다.

"어떤 것이 최초의 한 구절입니까?"

운문 선사가 말하였다.

"구구는 팔십일이니라."

"어떤 것이 향상의 한 길입니까?"

"구구는 팔십일이니라."

선승이 또 물었다.

"이(以)자도 이루지 못했고 팔(八)자도 아닙니다. 무슨 자이겠습니까?"

운문 선사가 또 말하였다.

"구구는 팔십일이니라."

雲門 因僧問 如何是最初一句 師云 九九八十一 又問 如何是向上一路 師云 九九八十一 又問 以字不成 八字不是 未審是什麼字 師云 九九八十一

✎ 설두현 선사 송

삼삼은 구요, 구구는 팔십일이라 함이여
하나하나 부름에 따라 가풍을 드러내 보인 것이다
천고(千古)에 누가 있어 같이 알꼬
한 털 사자, 뭇 털을 마쳤느니라

雪竇顯 頌
三三九九八十一
一一觀風隨召出
千古有誰同共知
一毛師子衆毛畢

ᔕ 설두현 선사가 다시 송하였다.

구구는 팔십일이라 함이여
큰 공은 상이라는 것을 세우지도 않는다
만일 사람을 미혹케 함 없다면
금강신(金剛神)이 합장하리라

又頌云
九九八十一
大勳不竪賞
若謂無誵訛
金剛曾合掌

### ○ 법진일 선사 송

칠구는 육십삼이다
이에 대해 논하기를 그쳐라
기틀에 임하여 알지 못하면
다시 구담(瞿曇)에게 가서 물어라

法眞一 頌
七九六十三
休云是對談
當機如不薦
更去問瞿曇

## ☁ 심문분 선사 송

반도(蟠桃)[28]가 열매 맺은 지 삼천 년이요
큰 붕새가 날개를 펴니 구만 리로다
화려한 누각에선 온종일 풍악소리 흘러나오고
구름에 누운 이는 다시 천 봉우리 속에 있도다

心聞賁 頌
蟠桃結實三千載
大鵬展翅九萬里
畫樓曉夜沸笙歌
臥雲人在千峯裏

28) 반도(蟠桃) : 3천 년 만에 한 번씩 열매를 맺는다는 전설 속의 복숭아.

 대원 문재현은 이 칙을 모두 들고나서 이르노라.

어떤 이가 내게 “어떤 것이 최초의 한 구절입니까?” 한다면 주먹을 세우고, 또 “어떤 것이 향상의 한 길입니까?” 하면 주먹을 세우고, 또 “이(以)자도 이루지 못했고 팔(八)자도 아닙니다. 무슨 자이겠습니까?” 하면 주먹을 세우리라.

운문 선사의 구구는 팔십일과 같다 하겠는가, 다르다 하겠는가?

속히 일러라. 속히 일러!

## 1028칙 주장자로 한 획을 긋다

 본 칙

운문 선사가 말하였다.
"온 시방세계와 건곤의 땅덩어리와 천하의 노화상까지라도."
주장자로 한 획을 긋고 말하였다.
"산산이 부숴다."

雲門 云 盡十方世界 乾坤大地 天下老和尙 以柱杖劃一劃云 百雜碎

ꕤ 설두현 선사가 이 칙을 들고 말하였다.

이 노장이 옳기는 옳으나 몸 나올 길이 없도다. 지금 주장자가 내 손 안에 있도다.

(다시 가로로 들고)

동서남북이 어디 있다 하겠는가.

雪竇顯 擧此話云 這老漢 是卽是 要且未有出身之路 如今 柱杖 在雪竇手裏 復橫按云 東西南北 甚處得來

 대원 문재현은 이 칙을 모두 듣고나서 이르노라.

하. 하. 하.

(크게 웃으며 방으로 돌아가다.)

# 1029칙 훔훔

## 본 칙

운문 선사가 불자를 들어 세우고 말하였다.

"여기서 깨달아 들어갔다 하더라도 도깨비를 만들어낸 것이라, 일본[29]에 선(禪)을 알리는 것이며, 삼십삼천에서 누군가가 뛰쳐나왔다 하더라도 그를 불러 '훔훔.'[30] 하고 이어 '특별한 집안의 아이가 칼을 쓰고 취조를 받는구나.' 하리라."

雲門 拈起拂子云 這裏 得箇入處去 揑怪也日本國裏說禪 三十三天有箇人 出來 喚云 吽吽 特舍兒擔枷過狀

---

29) 일본 : 동쪽나라 부상국. 해가 뜨는 곳이라고 중국에 알려져 있었다.

30) 훔훔 : 마를 항복받는 진언.

ꩠ 운문고 선사가 이 칙을 들고 말하였다.

저 노장이 정말로 어쩔 수가 없어지자 성명을 바꾸어서 나라 땅을 쓰면서 세금도 내지 않는 것이다.[31)]

雲門杲 擧此話云 這老漢 克由叵耐 冒姓佃官田 更不 納苗稅

31) 원문의 모성전관전(冒姓佃官田)은 다른 사람의 이름을 빌려서 나라 땅을 불하받아 경작하는 것이다.

 대원 문재현은 이 칙을 모두 듣고나서 이르노라.

운문 선사답지 않구나.

험!

# 1030칙 두드리고 부딪친 곳

##  본 칙

운문 선사가 대중에게 보이고 말하였다.

"오늘이 반 살림이다. 두드리고 부딪친 곳을 한 구절로 일러보라."

대중이 말이 없자 스스로 대신 답하였다.

"밀달리고 밀달리지니라."

이어 다시 스스로 물었다.

"밀달리고 밀달리지란 뜻이 무엇이겠는가?"

스스로 대신 답하였다.

"부림이니라."

雲門 示衆云 如今半夏也 敲磕處 道將一句來 衆 無語 自代云 密怛哩孤 密怛哩智 又云 密怛哩孤 密怛哩智意旨如何 自代云 嚩啉

ො 장산원 선사 송

두드리고 부딪친 구절을 헤아리지 말라
구절마다 분명하여 법왕이 드러났다
천수대비 잡아 일으킴 없이
칼날을 당해 위지장을 빼앗았네

蔣山元 頌
敲磕句莫商量
句句分明顯法王
千手大悲拈不起
當鋒奪得尉遲鏘

ꩰ 보림본 선사가 상당하여 이 칙을 들고 말하였다.

말해보라. 옛 사람의 뜻이 무엇이던가? 속마음을 아는가?

밀달리고 밀달리지라 함이여, 하나라 하면 이미 이루어질 수 없고, 둘이라 하여도 옳지 못하다.

진흙소가 깡충 뛰어 푸른 하늘로 오르더니 이마를 찢고 코가 깨졌느니라.

寶林本 上堂擧此話云 且道 古人意作麼生 還知落處麼 密怛哩孤密怛哩智 一旣不成 二亦不是 泥牛踍跳上靑冥 築着額頭磕着鼻

ꕥ 육왕심 선사가 이 칙을 들고 말하였다.

운문 선사의 두드리고 부딪침을 번역하지 못하여 뒷 사람들로 하여금 오랑캐 땅에서 돌아다니고 중국에서 달리게 했으니 어찌하랴.
(주장자를 번쩍 집어들어 한 번 내리치고)
말해보라. 이 주장자를 두드린 것과 운문 선사의 일의 거리가 얼마나 되는가?

育王諶 擧此話云 雲門 大殺敲磕 爭奈不曾飜譯 致令後人 向胡地上行 漢地上走 驀拈柱杖卓一下云 且道 這柱杖子 敲磕與雲門 相去多少

ᔊ 심문분 선사가 이 칙을 들고 말하였다.

운문 선사가 한동안 입술을 까불고 혀를 놀렸으나 불법의 도리는 없도다.

心聞賁 拈云 雲門 一期飜唇弄舌 要且無佛法道理

 대원 문재현은 이 칙을 모두 듣고나서 이르노라.

두드리고 부딪친 곳을 한 구절로 일러보라고?
죽비도 누설하네.

# 1031칙 한 할도 쓸 것이 없느니라

 본 칙

운문 선사가 말하였다.

"삼승십이분교와 달마 대사께서 서쪽에서 오신 뜻을 지나친다면 옳지 못하니, 만일 지나치지 않는다면 한 할도 쓸 것이 없느니라."

雲門 云 三乘十二分教 達磨西來 放過則不可 若不放過 不消一喝

☁ 설두현 선사가 이 칙을 들고 말하였다.

악!

(다시 말하기를)

대중들이여 좋은 할이다. 뜻이 어디에 있는가? 만일 의기충천하기를 바란다면 이 한 할을 가려내보라.

雪竇顯 擧了便喝 復云 大衆 好喝 落在什麽處 若要鼻孔遼天 辨取這一喝

 대원 문재현은 이 칙을 모두 듣고나서 이르노라.

운문 선사, 설두 선사 두 분 모두가 젖 먹은 힘까지 다했다 하겠으나 어쩌랴.

불법과는 도리어 십만팔천리니….

양삼월 백운산 기슭에는
매화꽃 구름바다 이루고

그 밑에 흐르는 섬진강 위
한가히 떠있는 뗏배여

이곳 명품 작설차 이 한 잔
금상첨화 아니라고 뉘 말하랴

# 1032칙 길을 열기 위해 달마가 왔느니라

## 본 칙

운문 선사가 새로 온 선승에게 물었다.

"설봉 화상이 '길을 열기 위해 달마가 왔느니라.'라고 하였으니 그대에게 묻노라. 무슨 뜻인가?"

선승이 대답하였다.

"화상의 콧구멍을 쥐어박은 것입니다."

운문 선사가 다시 말하였다.

"지신(地神)이 나쁜 생각을 일으켜서 수미산을 한 주먹 후려갈기고, 다시 범천으로 뛰어올라 제석의 콧구멍을 쥐어박아 깨뜨렸는데 그대는 어째서 일본국에 가서 몸을 숨기는가?"

선승이 다시 말하였다.

"화상은 사람을 속이지 마셔야 됩니다."

운문 선사가 말하였다.

"노승의 콧구멍을 쥐어박았다는 일은 또 어찌 되었는가?"

선승이 대답이 없자, 운문 선사가 말하였다.

"그대가 말이나 배우는 무리라는 것을 알겠구나."

雲門 問新到云 雪峰和尙 道 開却路 達磨來也 我問你 作麽生 僧云 築着和尙鼻孔 師云 地神 惡發 把須彌山一擲 跨跳上梵天 搊破帝釋鼻孔你爲什麽 向日本國裏藏身 僧云 和尙 莫謾人 好 師云 築着老僧鼻孔 又作麽生 僧 無對 師云 將知你只是學語之流

☁ 운문고 선사가 이 칙을 들고 말하였다.

어리석음을 한 짐 메어 골동(骨董)과 바꿔서 눈금 없는 저울에 달아서 무지한 칠통에게 준다.

말해보라. 무지한 칠통은 무엇에 쓰랴. 그대가 만일 살아서 벗어나는 구절을 말할 수 있으면 그대는 운문 선사를 친견했다고 인정하리라.

雲門杲 擧此話云 擔一擔懵懂 換得一擔骨董無星秤子 秤來付與無知漆桶 且道 無知漆桶 將作何用 你若道得活脫句 許你親見雲門

 대원 문재현은 이 칙을 모두 듣고나서 이르노라.

운문 선사, 설봉 선사 모두가 술 찌꺼기나 파는 장사치를 면하지 못했다.

"그대에게 묻노라. 무슨 뜻인가?" 할 때에

"악!

언제 길이 막혔던 적이 있거든 말해 보십시오."

이렇게 했더라면 채소시장 길바닥 같은 뒷말들은 없었을 것을….

# 1033칙 북소리

 본 칙

운문 선사가 어느 날, 북소리를 듣고 말하였다.
"북소리가 칠조(七條)가사를 씹어 없앴다."
곁의 승려를 가리키면서 말하였다.
"내게 고양이를 안아다 다오."

雲門 一日聞鼓聲云 鼓聲 咬破七條 遂指傍僧云 與我抱取猫兒來

ꩠ 죽암규 선사가 이 칙을 들고 말하였다.

대중들이여, 이 이치가 어떤가? 천금으로 준마의 뼈를 샀다 하더라도 소용없으니, 인간 세상에서 죽은 말을 살렸다는 사람은 없느니라.

竹庵珪 擧此話云 大衆 此理如何 千金駿骨 閑收買 不是人間死馬醫

 대원 문재현은 이 칙을 모두 듣고나서 이르노라.

"북소리가 칠조가사를 씹어 없앴다." 할 때 "평지풍파를 일으키는 짓은 하지 않는 것만 못하니 소리를 낮추고 소리를 낮추시오." 했어야 했고, "내게 고양이를 안아다 다오." 할 때 고양이로 쳤어야 했으니 이것은 상인가, 벌인가?

가려내보라.

(또 소참 때, 이 칙을 들고 말하기를)

"북소리가 칠조가사를 씹어 없앴다." 하고 "고양이를 내게 안아다 다오." 했을 때 "북소리가 칠조가사를 씹어 없앴는데도 그런 말이 있습니까? 말해 주십시오." 했어야 했다.

## 1034칙 모든 부처님들의 출신처

 본 칙

운문 선사에게 어떤 선승이 물었다.
"어떤 것이 모든 부처님들의 출신처입니까?"
운문 선사가 대답하였다.
"동산(東山)이 물 위로 흐른다."

雲門 因僧問 如何是諸佛出身處 師云 東山水上行

ᯅ 장산전 선사 송

동산이 물 위로 흐른다 함이여
출신처를 심히 분명히 했네
좋다, 먼지나 모래같이 많은 부처를 보려는가?
파도가 사방에서 일어난다

蔣山泉 頌
東山水上行
出處甚分明
好看塵沙佛
波濤四面生

### ◌ 진정문 선사 송

눈앞에 길이 있으나
사방에 통한 줄 누가 알랴
동산이 물 위로 흐른다 함이여
구하는 자, 끝이 없네

眞淨文 頌
目前有路
誰解通方
東山水上
求者茫茫

ↀ 진정문 선사가 다시 송하였다.

모든 부처님들의 출신처를
동산이 물 위로 흐른다 함이여
눈앞에서 손가락 한 번 튕겨
빠짐없이 분명하게 두루 드러냈네
일면(日面)과 월면(月面)이 지나가고
부처의 손과 나귀의 다리가 드러난다
모두가 이에 힘입어
말〔言〕을 초월한 방편으로 미혹한 중생을 건지느니라

又頌
諸佛出身處
東山水上行
目前一彈指
徧現煞分明
日面月面過
佛手驢脚呈
皆承此箇力
言外度迷情

ꩰ 또 어떤 선승이 "승려들이 대부분 일 없는 것이라 헤아립니다." 한 것을 인하여 다시 다음과 같이 송하였다.

흔히들 일 없다는 견해를 낸다니
일 없다는 것이 사람의 마음을 고단케 하는구나
있음과 없음 모두 없어야
저절로 신령한 음성을 판별하리
활발발하여 뛰어난 응함이라 하나
고요하고 고요해서 찾을 수 없네
참으로 그렇구나! 만 가지 변화보다 먼저여서
몽땅 다만 여기에 있다 함이…

又因僧曰衆中 多以無事商量 師復成頌曰
多將無事會　無事困人心
有無俱勿念　自可剖靈音
落落雖殊應　寥寥不在尋
宜哉萬化首　都只屬于今

ᯅ 개암붕 선사 송

장모가 새 사위 밉다는 말은
일찍이 아직까지 없었던 일일세
닭한테 시집가면 닭처럼 날고
개한테 시집가면 개처럼 달려라[32)]

介庵朋 頌
婦嫌新婿醜
條貫未曾有
嫁鷄逐雞飛
嫁狗屬狗走

32) 중국 속담.

㉠ 진정문 선사가 이 칙을 들고 말하였다.

늑담은 그렇게 하지 않으리니, 만일 어떤 이가 "어떤 것이 모든 부처님들의 출신처입니까?" 묻는다면 다만 그에게 "홍정[33]을 멀리 떠났고, 보산[34]에 깊이 들어갔다." 하기만 하리라.

대중들이여, 말해보라. 같은가, 다른가?

만일 어떤 납자가 나서서 "여기가 어디이기에 같다 다르다를 따지는가?" 한다면 역시 그런 이는 만나기 어렵다.

모름지기 실제로 그런 경지에 이르러야 하나, 만일 이르지 못했다 하더라도 서두를 것 없느니라.

眞淨文 擧此話云 泐潭 卽不然 若有人 問 如何是諸佛出身處 但向伊道 遠離洪井 深入寶山 大衆 且道 是同 是別 忽有个衲僧 出來云 這裏 是什麽所在 說同說別 也難得 須是實到這田地 始得 若未到 且不得草草

---

33) 홍정(洪井) : 북쪽의 산. 전설 속에서 선인이 도를 닦았다는 수행처.

34) 보산(寶山) : 남쪽의 산. 10대 명산 중의 하나.

 대원 문재현은 이 칙을 모두 들고나서 이르노라.

만약 어떤 이가 내게 "어떤 것이 모든 부처님들의 출신처입니까?" 묻는다면 "옳다."라고만 했을 것이다.

운문 선사와 같은가, 다른가?

속히 일러라, 속히 일러!

## 1035칙 한 곡조

 본 칙

운문 선사에게 어떤 선승이 물었다.
"어떤 것이 운문 선사의 한 곡조입니까?"
운문 선사가 대답하였다.
"섣달 스무 닷새니라."
선승이 다시 물었다.
"부르고 있는데 어떻습니까?"
"아직 느리고도 느리구나."

雲門 因僧問 如何是雲門一曲 師云 臘月二十五 僧云 唱者如何 師云 且緩緩

### ☁ 천장초 선사 송

운문의 곡조가 고금에 항상하도다
섣달 스무 닷새라 함이여, 가장 좋구나
구름을 스치는 매는 하늘 높이 솟구치는데
어리석은 선객들 거꾸러짐을 되풀이하네
멍청하게 거꾸러지기를 되풀이하지 마라
지난 밤 삼경에 달이 중천에 떴더라

天章楚 頌
雲門曲亘今古
最好臘月二十五
磨雲鷹眼摶天飛
懵懂禪流顚倒數
顚倒數休莽鹵
昨夜三更月卓午

## ☁ 정엄수 선사 송

청정한 옛 가락 소양의 한 곡조여
오래된 목석이 혼으로 화하였네
광릉에게 전한 사람 어디에 있는가
두견새를 남겨두어 밝은 달에 울게 했네

淨嚴遂 頌
一曲韶陽古調淸
多年木石化爲精
廣陵傳去人何在
留得杜鵑啼月明

## ◌ 남명전 선사 송

선달 스무 닷새라 함이여
나귀를 타고 북을 치지 말라
봄바람에 백 가지 풀 나고
무덤 위에 새 흙을 보탠다

南明泉 頌
臘月二十五
騎驢不打鼓
春風百草生
塚上添新土

### ◌ 법진일 선사 송

소양의 한 곡조 격조 어찌 그리 높은고
청정한 가풍 떨칠 때 부를 줄 아는 자 몇이나 만났던고
돌 위에서 거문고 타서 전함 다함이 없음이여
앉아서 찬 달이 정자에 지는 것을 보노라

法眞一 頌
韶陽一曲調何高
解唱淸風拂幾遭
石上橫琴傳不盡
坐看霜月落庭皐

## ☁ 장로색 선사 송

선달 스무 닷새라 함이여
궁상각치우(宮商角徵羽)로세
덕산의 노래를 부르며
관남의 북을 침이다
건달바가 묘한 음악 연주하고
드높은 수미산에서 두타가 춤을 춘다

長蘆賾 頌
臘月二十五
宮商角徵羽
唱起德山歌
打動關南鼓
乾闥婆王奏妙音
須彌岌峇頭陀舞

## ◌ 진정문 선사 송

선달 스무 닷새라 함이여
고금을 초월한 한 곡조로세
진주의 큰 무우는
땅 깊이 자라난다

眞淨文 頌
臘月二十五
一曲超今古
鎭州大蘿蔔
生長在深土

ⓒ 불적기 선사 송

운문의 한 곡조를 알면
평생에 천만 가지가 족하다
변화(卞和)가 세 차례 박옥을 바쳤건만
초왕은 진짜 옥임을 몰랐네
바른 안목에 밝은 마음이라면
세 쌍을 여섯이라 하지 말라
돌!
이것이 무엇인고?
묘한 몸은 본래 처소가 없어서
온통 몸이거늘 어디에 다시 흔적 있으랴

佛跡琪 頌
識得雲門一曲　　平生千足萬足
卞和抱璞三投　　楚君不識眞玉
如能眼正心明　　三雙休喚作六
咄　　　　　　　是什麽
妙體本來無處所　通身何更有蹤由

## ☁ 송원 선사 송

운문의 한 곡조
뼈골에 사무침이여
눈 그친 천 봉우리 차갑고
매화는 봉우리를 터뜨리며 꽃을 피우는데
풍류를 즐기는 공자가
목탁을 울리는구나

松源 頌
雲門一曲
徹髓徹骨
霽雪千峯寒
梅破笣啐啄
公子風流
鳴木鐸

ꔰ 무위자 선사 송

선달 스무 닷새라 함이여
이 한 곡조를 누구도 부른 적이 없었네
소양 늙은 종사여
손가락을 구부려 처음부터 헤아려 보라

無爲子 頌
臘月二十五
一曲無人擧
韶陽老古錐
屈指從頭數

∽ 개선섬 선사가 상당하여 이 칙에서 "아직 느리고도 느리구나." 한 것까지 들고 말하였다.

운문 선사를 보았는가? 한 치의 금낚시요, 만 길의 은실이로다. 무심히 무위의 바다에 던져서 30년 뒤에 하나를 낚으니 참으로 좋은 솜씨로다.

참!

開先暹 上堂擧此話至僧云 唱者如何 門云 且緩緩 師云 還有見得雲門底麽 一寸金鉤 萬丈銀線 等閑抛向無爲海中 三十年後釣得一箇 是好手 叅

ꕤ 장산전 선사가 상당하여 말하였다.

대중은 보는 것을 보라. 년(年)이 다하고 세월이 다하니 대가가 환향곡(還鄕曲)을 부르면서 오고간다.

여러분! 그 환향곡을 어떻게 부르는가? "리리라 라리리라고 부르는 것이 아닌가? 지음자가 적은 것이 아닌가? 다섯 소리(궁, 상, 각, 치, 우)에 떨어지지 않고 이르는 것이 아닌가?" 이렇게 알아서야 마치 땅에 모래를 뿌린 것 같으니, 무슨 쓸모가 있으랴.

보지 못했는가? 어떤 선승이 운문 선사에게 물어 "(전략) 아직 느리고도 느리구나." 하였으니, 대중들이여, 섣달 스무 닷새라 한 것을 어떻게 생각하는가?

옛부터 지금까지 부는 이〔吹者〕, 부르는 이〔唱者〕들의 음률을 다 밝힌다 해도 섣달 스무 닷새라 함이 있으랴.

이른바 그 노래가 더욱 고준할수록 그에 화답하는 이는 더욱 적다. 대중 가운데 어떤 선객은 "섣달 스무 닷새라고 한 것은 들어 보일 때 곧바로 알지언정 남의 말 구절을 씹지 말아야 한다." 하니 마치 초파리가 독 속에서 날아다니는 꼴이다. 그들이 어찌 우주의 가없음을 알랴.

그 선승이 "부르고 있는데 어떻습니까?"라고 물었으니 이 어찌 들어 보인 곳이 아니겠는가. 그런데 운문 선사는 어째서 "아직 느리고도 느리구나." 했을까?

그러나, 못이 넓어야 산을 숨길 수 있고, 능숙하게 다루어야 표범을 항복시킨다.

산승이 오늘 잘못이 적지 않으나, 여러분을 위하여 다시 한 곡 부르리라.

(말없이 보이고)

양주촌 사람들을 웃기는구나.

蔣山泉 上堂云 大衆 看看 年窮歲盡也 大家 唱箇還鄕曲子去來 諸仁者 祇如還鄕曲子 作麽生唱 莫是道哩哩囉囉哩哩麽 莫是道知音者少麽 莫是道不落五音麽 如斯解會 似地鋪沙 有甚交涉 不見 僧 問雲門 至且緩緩 大衆 祇如臘月二十五 作麽生會 自古至今 吹者唱者明盡音律 何處 有臘月二十五 所謂其唱 彌高 其和 彌寡 衆中 有一般禪客 便道 臘月二十五 擧處便會 不須咬他言句 所謂醯鷄瓮飛 寧知宇宙之寬廓 祇如者僧 道 唱者如何 豈不是擧處 爲什麽 雲門 道且緩緩 然 澤廣藏山 理能伏豹 山僧 今日 已是敗闕不小 爲你諸人 重唱一遍 良久云 笑殺楊州村裏人

∽ 황룡남 선사가 상당하여 말하였다.

대도(大道)는 그 가운데라 할 것도 없거늘 다시 어디에 앞뒤가 있으랴. 먼 허공은 자취가 없거늘 헤아려서 무엇하랴. 허공도 이미 이렇거늘 도가 어찌 말로 이뤄지랴. 비록 그러나 이러-한 만일 상근의 무리라면 말을 빌어 설명하려 들지 않겠지만 중하의 근기라면 어찌 면할 수 있으랴. 그러므로 어떤 선승이 운문 선사에게 물어서 "섣달 스무 닷새니라." 했으니 오늘이라 해도 바로 섣달 스무 닷새이다.

그대들은 어떻게 아는가? 만일 알지 못한다면 그대들, 자세히 들어라. 황룡이 여러분을 위해 다시 한 곡 부르리라. 운문 선사의 한 곡조인 스무 닷새는 궁상각치우에 속하지 않나니, 누군가가 나에게 곡의 내력을 묻는다면 남산에 구름 일고 북산에 비가 온다 하리라. (불자로 선상을 치다.)

黃龍南 上堂云 大道 無中 復誰前後 長空 絶迹 何用量之 空旣如是 道豈言成 雖然如是 若是上根之輩 不假言詮 中下之流 又爭免得 所以 有僧 問雲門 至臘月二十五 師云 今日正當臘月二十五 汝等諸人 如何委悉 若不委悉 汝等諸人 諦聽待黃龍 爲汝等諸人 重唱一徧 雲門一曲二十五 不屬宮商角徵羽 若人 問我曲因由 南山起雲北山雨 以拂子擊禪床

☁ 각해원 선사가 상당하여 이 칙을 들고 말하였다.

섣달 스무 닷새는 이미 지나갔으니, 지금은 이 무슨 곡조인가?
(말없이 보이고)
판관의 손 안의 붓이니라. 잘 있거라.

覺海元 上堂擧此話云 臘月二十五 已過 而今是什麽曲調 良久云 判官手裏筆 珍重

ᔓ 진정문 선사가 상당하여 이 칙을 들고 말하였다.

오늘이 섣달 스무 닷새인데 만일 운문 선사의 곡을 지으라 하면 또 섣달 스무 닷새라고 할 것이요, 섣달 스무 닷새를 지으라 하면 또 운문 선사의 곡이라 할 것이다.

그 선승이 "부르고 있는데 어떻습니까?"라고 물으니, 운문 선사가 "아직 느리고도 느리구나." 대답했으니, 그 선승을 긍정치 않은 것인가? 아니면 별다른 도리가 있는가?

(잠잠히 있다가)

대개 불법은 사람 따라 묘하니, 두 곳의 풀기 어려운 말을 판단해 보라.

眞淨文 上堂擧此話云 今日 是臘月二十五 若作雲門曲 又是臘月二十五 若作臘月二十五 又是雲門曲 又云 唱者如何 門云且緩緩 師云 雲門云 且緩緩 爲不肯這僧 也別有道理 良久云 一般佛法 從人妙 兩處誵訛 試斷看

ㅇ 정자본 선사가 상당하여 말하였다.

어떤 선승이 운문 선사에게 "어떤 것이 화상의 한 곡조입니까?" 라고 물으니, "섣달 스무 닷새니라." 하였고, 또 "화상의 한 구절을 어떻게 해야 깨달아 알겠습니까?" 하니 운문 선사가 "섣달 스무 닷새니라." 하였고, 다시 "끝내 누구 집의 아들입니까?" 하니, 운문 선사가 "섣달 스무 닷새니라." 하니, 이 세 번 전한 말에 물음은 제각기 다르거늘 대답은 모두가 같다.

말해보라. 이(利)와 해(害)가 어디에 있는가?

만일 가려내면 소석(韶石)[35]의 맑은 가풍이라 고금에 떨어지지 않겠지만 만일 흐리멍텅하여 분명히 말할 수 없다면 다시 뒤로 닷새를 더 보태었다가 언하의 광채를 잡도록 하라. 오래 서 있을 필요가 없느니라.

淨慈本 上堂擧僧問雲門 至臘月二十五 又問如何會得和尙一句 門云 臘月二十五 又問畢竟是誰家之子 門云 臘月二十五 此三轉語 問旣不同 荅處相似 且道 利害 在甚麽處 若揀辨得出 韶石淸風 古今不墜 如或儱侗顢頇 添箇後五日 拈取觜頭光 不勞久立

35) 소석(韶石) : 육조 혜능 대사가 있던 곳의 돌.

ꩭ 승천회 선사가 상당하여 말하였다.

운문 선사에게 한 곡조가 있으니, 섣달 스무 닷새라. 격조가 높아서 불조를 초월했고, 총림에 퍼져 고금에 빛난다. 의심이 있는 데에서 부르려 하면 입을 열기도 힘이 드니, 곧바로 깨달아야 통하여 부르기 쉽다.

대중들이여, 오늘을 당하여 당장에 깨달은 이가 있는가? 시험삼아 불러 보라. 만일 없다면 산승이 여러분을 위해 주석을 내리리라.

하하하! 이게 무엇인가? 반드시 보아라. 눈이 얼고 서리가 엉켜 뼛속 깊이 차다.

참선하는 사람들이 이 가운데 불가사의함을 가려낸다면, 세상 밖에 자유로이 거닐면서 남은 세월을 자재하리라.

承天懷 上堂云 雲門 有一曲 臘月二十五 格調高超佛祖 播叢林耀今古 擬心唱難啓口 直下會易通吐 大衆 正當今日 還有直下會者麽 試出通吐看 若無 山僧 爲諸人 註破去也 阿呵呵是什麽 切須看 雪凍霜凝澈骨寒 禪人 若辨箇中玄 逍遙物外任歲殘

☁ 영원청 선사가 상당하여 이 칙을 들고 말하였다.

대중들이여, 남의 속임을 받지 않으려거든 운문 선사의 허물을 알아야 된다. 어디가 운문 선사의 허물인가?

참!

靈源淸 上堂擧此話云 大衆 要如不受人謾 會取雲門敗闕 什麽處是雲門敗闕 叅

ꕤ 자수 선사가 상당하여 이 칙에서 "아직 느리고도 느리구나." 한 것까지 들고 말하였다.

좋구나! 여러분이여, 부르는 이는 비록 많으나 아는 이는 지극히 적도다. 간혹 그 선승의 묻는 곳을 안다 해도 운문 선사가 대답한 곳은 알지 못하더라.

초산이 오늘 여러분을 위하여 진짜로 운문 선사의 한 곡조를 부르리라.

선달 스무 닷새여!

주장자가 스물 다섯이요, 초롱이 스물 다섯이요, 불자가 스물 다섯이니라.

慈受 上堂擧此話至且緩緩 師云 好 諸人者 唱者雖多 會者極少 往往會得者僧問處 不會雲門荅處 焦山 今日 爲你 眞箇唱雲門一曲 臘月 二十五 柱杖 二十五 燈籠 二十五 拂子二十五

☁ 늑담준 선사가 대중에게 보이고 말하였다.

불성의 이치를 알려면 시절 인연을 관찰하라. 기억하건대 옛날에 어떤 선승이 운문 선사에게 "어떤 것이 운문 선사의 한 곡조입니까?"라고 물어 운문 선사가 "아직 느리고도 느리구나."라고 대답하기에 이르렀으니 선덕들이여, 그것이 어찌 시절 인연이 아니리오.

어떻게 해야 운문 선사의 뜻을 알꼬? 운문 선사의 한 곡조인 맑은 소리가 꿰뚫은 곳이 시방세계를 감쌌건만 화답하는 이가 같지 못하니 육률[36]이 같지 않다.

그러므로 "동쪽 집에서 노래를 부르니, 서쪽 집에서도 잠자코 있을 수 없다." 하였느니라. 보봉이 오늘같이 좋은 기회를 만나기 어려우니 한 곡조 불러서 대중에게 공양하리라. 자세히 듣고 자세히 들어라.

(소리 높여 외치기를)

라라리. 리리라.

날씨가 추우니 반 곡조만 불렀느니라. 방에 돌아가서 차나 마셔라.

---

36) 육률(六律) : 여섯 개의 음률. 십이율 가운데 양성(陽聲)에 속하는 여섯 가지 소리. 황종, 태주, 고선, 유빈, 이칙, 무역을 이른다.

泐潭準 示衆云 欲識佛性義 當觀時節因緣 記得 昔日僧 問雲門 至且緩緩 師云 諸禪德 者个豈不是時節 且作麽生會雲門意 雪門一曲淸聲透處 該括十方 和者難齊 非同六律 所以道 東家唱歌 西家不得默坐 寶峯 今日 快便難逢 也唱一遍 供養大衆 諦聽諦聽 乃引聲唱云囉囉哩哩哩囉天寒 且唱一半 歸堂喫茶

🙝 장령탁 선사가 섣달 스무 이렛날 열반에 들었는데, 그보다 이틀 전인 스무 닷새 날 상당하여 말하였다.

어떤 선승이 운문 선사에게 "어떤 것이 운문 선사의 한 곡조입니까?"라고 물어서 "섣달 스무 닷새니라." 하기에 이르렀으니 운문 선사의 곡조는 곧은 지름길이라 해도 무방하다.

이렇게만 안다면 섣달 30일에 언하에 광명을 얻을 것이요, 설사 모르더라도 섣달 30일에 역시 언하에 광명을 얻을 것이니, 그대들은 끝내 어떻게 생각하는가?

노승이 이 세상을 얼마나 더 살겠는가? 만일 법령에 의해 시행한다 해도 법당 위에 풀이 한 길이나 깊은 것이다. 지금 어쩔 수 없어서 검은 항아리를 벼루라고 팔고, 노파심을 다하여 여러분을 위해 조그마한 곡조로 화답하리라.

납자가 운문 선사의 곡조를 부르려거든 육육은 원래가 삼십육이니라.

조원(曺源)에 어리석은 납자가 있으니, 풀어 말하자면 일평생 헤아려도 헤아릴 수 없다 하느니라. 헤아려도 헤아릴 수 없음이여, 금석사죽(金石絲竹)[37]에 속하지 않는다.

무심히 한 박자 침에 다섯 음이 구족하다.

---

37) 금석사죽(金石絲竹) : 예전에 쓰던 네 가지의 주요 악기를 통틀어 이르는 말. 종, 경쇠, 현악기류, 관악기류를 이른다. 즉, 모든 종류의 악기소리를 말한다.

곧바로 직접 말함에 활시위같이 곧다 해도 이미 곡록(曲彔)같이 굽은 것이라 하나,

세월이 흘러도 여전히 산 푸르고 물 푸르니라.

長靈卓 臘月二十七日圓寂 先於二十五日上堂 擧僧問雲門至臘月二十五 師云 雪門曲子 不妨徑直 便恁麽會得去 臘月三十日 贏得鴦頭光 若也不會 臘月三十日 亦贏得鴦頭光 汝等諸人 畢竟作麽生會 老僧 住世能復幾時 若是據令而行 直須法堂上草深一丈 而今 不獲巳將烏釭 打作硯瓦賣 曲盡老婆心 爲汝諸人和箇小曲子 迺云 衲僧 要唱雲門曲 六六 從來三十六 曺源 有个癡禪人 解道一生數不足 數不足 不屬金石與絲竹 等閑一拍五音全 直道如絃巳曲彔 從敎歲去年來依舊山青水綠

ꕤ 목암충 선사가 상당하여 말하였다.

운문 선사의 한 곡조 노래, "섣달 스무 닷새니라." 함이여, 세상에 들어 보였으나 지음한 자가 적어서 끝내 불분명하였다. 불분명하지 않음을 오늘 그대 앞에 분명히 들어 보이니, 동불우체(東弗于逮)에서 북을 치면 남섬부주에서 춤을 춘다. 오랑캐도 한족(漢族)도 화답하기 어려우니 궁상각치우에 떨어지지 말라.

대중들아, 이미 궁상각치우에 속하지 않는다면 말해보라. 이게 무슨 곡조인가?

(말없이 보이고)

벙어리인 척 하지 말라.

牧庵忠 上堂云 雲門一曲歌 臘月二十五 擧世少知音 到頭成莽鹵 不莽鹵 今日分明爲君擧 東弗于逮打鼓 南閻浮提作舞 始知胡漢和難齊 不落宮商角徵羽 大衆 旣不落宮商角徵羽 且道 是什麽曲調 良久云 且莫詐聾

ᨖ 백운병 선사가 이 칙을 들고 말하였다.

'물음이 대답한 곳에 있고, 대답이 묻는 곳에 있다.' 한 것은 그대들 마음대로 헤아리거니와 '물음이 대답한 곳에 있지 않고, 대답이 물은 곳에 있지 않다.' 한 것은 어떻게 알아야 하겠는가?

혼연하여 궤맴이 없건만 양변을 이룬다고 하면 땅에 던진 금의 소리라도 기왓장 소리니라.[38)]

白雲昺 拈 問在荅處 荅在問處 任你諸人商量 問不在荅處 荅不在問處 又且如何委悉 渾崙無縫成兩邊 擲地金聲 如瓦礫

38) 원문의 와력(瓦礫)은 와석(瓦石)과 같아서 기와나 자갈을 얘기하는데 이것은 쓸모없는 것이라는 뜻을 가지고 있다.

ꩰ 백운병 선사가 다시 상당하여 말하였다.

운문 선사에게 한 곡조가 있으니 '섣달 스무 닷새니라.' 함이여, 설사 곧바로 알았다 할지라도 남화(南華)는 허락하지 않으리라.

그러기에 "설사 말하기 전에 알아듣더라도 역시 미혹의 껍질에 가려져 막힘이요, 비록 언하에 면밀하게 통했다 하여도 가는 곳마다 미친 소견을 면치 못한다." 하였나니, 납자들이 여기에 이르러서 오랫동안 허리춤에 꽂아두듯 하지 말고, 당장에 구멍 없는 무쇠방망이같이 바람이 불어도 들어가지 않게 해야 되느니라.

알겠는가? 지혜 있는 이와 지혜 없는 이의 차이가 30리이니라.

又上堂云 雲門 有一曲 臘月二十五 直饒便會得 南華 未相許 所以道 設使言前薦得 猶是滯殼迷封 縱饒句下精通 未免觸塗狂見 衲僧家到者裏 莫將多年曆日 揷向腰間 直須似無孔鐵鎚 風吹不入 還會麼 有智無智 較三十里

 대원 문재현은 이 칙을 모두 듣고나서 이르노라.

만약 어떤 이가 내게 "어떤 것이 대원의 한 곡조입니까?" 하면 "이대로만 전하라." 할 것이다.

## 1036칙 두 손을 펴 보이다

 본 칙

운문 선사가 어떤 선승에게 물었다.

"요즘 어디서 떠났는가?"

선승이 대답하였다.

"서선(西禪)에서 떠났습니다."

운문 선사가 다시 물었다.

"서선이 요즘 무엇이라 하던가?"

선승이 두 손을 펴자, 운문 선사가 한 대 때리니, 선승이 말하였다.

"저는 이야기를 하였습니다."

이에 운문 선사가 두 손을 벌리자, 선승이 말이 없으니, 운문 선사가 때렸다.

雲門 問僧 近離甚處 僧云 西禪 師云 西禪 近日 有何言句 僧 展兩手 師打一掌 僧云 某甲話在 師却展兩手 僧 無語 師便打

ᨒ 설두현 선사 송

범의 머리와 꼬리를 일시에 거둠이여
늠름한 위풍이 4백 고을에 떨친다
물어봄에 무엇이 크게 험한지 알지 못하는구나
선사가 '한 수 늦춰준다' 하리라

雪竇顯 頌
虎頭虎尾一時收
凜凜威風四百州
却問不知何大險
師云放過一着

∽ 법진일 선사가 이 칙을 들고 말하였다.

이 방망이는 운문 선사가 맞았어야 하거늘 그 선승이 이미 알지 못했으니, 표주박 자루를 다른 사람에게 빼앗긴 격이다.

法眞一 拈 者棒 合是雲門喫 其僧 旣乃不知 杓柄 被別人奪了

ℭ 보녕용 선사가 상당하여 이 칙을 들고 말하였다.

운문 선사가 아직 하나가 모자란다. 어째서 한 대 더 때리지 않았을까? 그러나 여기에 이르러서는 무쇠눈, 구리눈동자라도 가려내지 못하리라.

(선상을 치다.)

保寧勇 上堂擧此話云 雲門 猶欠一着在 何不更與一掌 然雖如是 到這裏 鐵眼銅睛 也辨不得 拍禪床

 대원 문재현은 이 칙을 모두 들고나서 이르노라.

운문 선사가 두 손을 벌릴 때 "만두집에 와서 만두를 팔려는 이는 어리석은 이입니다." 했어야 했다.

험!

# 1037칙 로(露)!

##  본 칙

운문 선사에게 어떤 선승이 물었다.

"부모를 죽인 죄는 부처님 앞에 참회하거니와 부처와 조사를 죽인 죄는 어디에 참회합니까?"

운문 선사가 대답하였다.

"로(露)!"

雲門 因僧問 殺父殺母 向佛前懺悔 殺佛殺祖 向什麽處懺悔 師云 露

ᘓ 천복일 선사 송

돌 부딪친 빛과 유성도 빠른 것이 못 되고
번개같이 끊어 기틀을 돌이킴도 어찌 그리 늦을꼬
운문의 로(露)자 돌연 나타남이여
보아라, 새매가 나는 그때를

薦福逸 頌
石火星流曾未急
旋機電卷一何遲
雲門露字突然出
着眼看時鷂子飛

### ♨ 숭승공 선사 송

죽일 때에 부처와 조사, 무슨 원수이던가
로(露)라고 한 곳에 집집마다 씻을 죄를 참회하라
백 가닥 개울이 바다로 들어가는 것만 보았지
오랑캐땅 노인이 동쪽 하늘에 있는 줄이야 어찌 알리오
한가을 보름날 규옥[39]이 천 강의 달을 나투고
한밤중 거문고소리 만 골짜기의 개울 소리를 전한다
가게 속의 무한한 일 누가 맡아 하는가
긴 것 짧은 것 모난 것 둥근 것이 모두 그로부터 있다네

崇勝珙 頌
殺時佛祖是何冤　露處家家懺罪愆
但見百川歸大海　豈知胡老在東天
中秋圭寫千江月　半夜琴傳萬壑泉
誰管廛中無限事　從他長短與方圓

---

39) 규옥(圭玉) : 원문의 규(圭)는 옥으로 만든 홀이다. 즉, 제왕이 지닌 옥을 말한다.

ᔐ 천동각 선사가 상당하여 이 칙을 들고 말하였다.

노(露)라 함이여, 종(宗)을 뛰어나고 불조를 초월했도다. 사람들은 "그가 영혼을 되살리는 향을 피운다." 하거니와 나는 "그가 도독고를 친다."라고 하리라. 괴롭다. 괴로워.

만일 문자를 되씹으며 틀에 박힌 완고한 걸음을 걷는다면, 윗사람들이나 따라다니면서 앞뒤나 두리번거리는 짓일세.

보통 사람들은 관례를 하려면 돈을 마련해야 하지만, 부자는 그러한 짓도 하지 않느니라.

天童覺 上堂擧此話云 露 超宗越佛祖 人言渠爇返魂香 我道伊撾塗毒鼓 苦苦 更若咬文嚼字 規行矩步 上唱下隨 瞻前顧後 張三 裹帽新有錢 富漢 不是恁麽做

ↀ 천동각 선사가 다시 상당하여 이 칙을 들고 말하였다.

좋구나. 여러 선덕들이여, 모남도 꿰맴도 없으며, 티끌 하나 없다. 마음 가는 대로 자재하면 제자리에서 해탈하리라. 알겠는가?

한 법 남음이 있다 해도 붙일 수 없고, 한 법도 남음이 없다 해도 또한 버려야 하느니라.

又上堂擧此話云 好 諸禪德 無稜縫絶廉纖 隨心自在 當處解脫 還會麽 有餘一法 着不得 無餘一法 也還袪

ꕀ 죽암규 선사가 이 칙을 들고 말하였다.

원래가 겨우 식은 재를 부는 모양새이니, 곧 개울가에서 옷을 벗어버려라.

竹庵珪 拈 從來只是吹灰法 却向灘頭脫却衣

☁ 죽암규 선사가 다시 상당하여 이 칙을 들고 말하였다.

대중들이여, 이 이치가 어떠한가? 구름이 진령(秦嶺)에 걸렸으니, 집은 어디에 있는가?
눈〔雪〕이 남관[40]을 덮으니, 말이 나아가지 못하는구나.

又上堂擧此話云 大衆 此理如何 雲橫秦嶺家何在 雪擁藍關馬不前

40) 남관(藍關) : 지역 이름이다. 고도(산 옆으로 갈 수 있게 만든 길)를 만들 정도로 높고 험한 지역이다.

 대원 문재현은 이 칙을 모두 들고나서 이르노라.

이처럼 허물없는 대답은 참으로 보기 드문 것일세. 대단하고 대단한 분이로다. 이러-한 운문 선사의 경지를 노래로 불러볼까.

실버들 노오랗게 색 곱고
엿장사 가위소리 봄일세

돌사자 화판 들고 산을 찾고
옥용은 북을 치며 나르누나

증오야, 우리도 차를 들며
묘봉정의 한 곡을 읊자꾸나

# 1038칙 소로소로

## 본 칙

운문 선사가 말하였다.

“평지에서 죽은 사람이 무수하니, 가시밭을 통과해야 좋은 솜씨이니라.”

어떤 선승이 말하였다.

“그렇다면 방 안의 제1좌에게 뛰어난 점이 있겠습니다.”

운문 선사가 말하였다.

“소로소로.”

雲門 云 平地上死人 無數 過得荊棘林 是好手 僧云 恁麼則堂中第一座有長處 師云 穌嚧穌嚧

ꕀ 법진일 선사가 이 칙을 들고 말하였다.

온 땅덩이가 가시밭이거늘 어떻게 통과할꼬? 납자가 몸 벗어날 한 가닥 길이 있음을 모르면 나귀 해에도 통과하지 못하리라.

어떤 것이 몸 벗어나는 한 가닥 길인가? 노승에게 가리켜 보여라.

法眞一 拈 盡大地是荊棘林 作麽生過 衲僧家 若不知有出身一路 驢年也過不得 作麽生是出身一路 試爲老僧指出看

ꩠ 황룡남 선사가 상당하여 이 칙을 들고 말하였다.

(불자를 들어 세우고)
대중들아, 만일 이것을 불자라 한다면 참으로 평지 위에서 죽은 사람이요, 불자라 하지 않는다 해도 가시밭을 통과하지 못한 것이다.
(선상을 치다.)

黃龍南 上堂擧此話 乃拈起拂子云 大衆 若喚作拂子 正是平地上死人 若不喚作拂子 未透得荊棘林在 擊禪床

ᔓ 대위철 선사가 이 칙을 들고 말하였다.

운문 선사가 아니었다면 그 선승의 한 물음을 받고 남쪽을 북쪽이라 할 뻔하였다. 대위는 그렇게 하지 않으리니, 갑자기 어떤 이가 "그러면 방 안의 제1좌가 뛰어난 점이 있겠습니다." 한다면

(주장자를 들어 세우고)

그대들은 이것을 무엇이라 하는가? 만일 주장자라 한다면 눈썹이 빠지리라.

大潙喆 拈 若不是雲門 被這僧一問 幾乎將南作北 大潙則不然 忽有人 道 恁麽則堂中第一座有長處也 乃拈起柱杖云 你喚者个作什麽 若喚作柱杖 眉鬚墮落

ꩠ 대평연 선사가 상당하여 이 칙을 들고 말하였다.

대평은 그렇게 하지 않으리니 평지 위에 저마다 대장부요, 가시밭 속에 앉은 이마다 좋은 솜씨다. 무슨 까닭인가?

격(格)!

大平演 上堂擧此話云 大平 卽不然 平地上 个个丈夫 荊棘林裏 坐得底是好手 何故 乃云 格

ꩰ 죽암규 선사가 소참 때에 이 칙을 들고 말하였다.

대중들이여, 이는 운문 대사의 말이다. 그대들은 어떻게 생각하는가? 어째서 평지 위에서 죽은 사람이라 하며, 어째서 가시밭을 통과해야 좋은 솜씨라 하는가?

그대들이 이 두 구절의 말을 꿰뚫어버리기만 하면 평생에 참구해 배운 안목을 저버리지 않게 되리라. 이 두 구절은 통과하기가 어렵다 할 것이니, 모름지기 네 가지 병을 알아야 비로소 통과한다.

이 두 구절에서 첫째는 부처라는 것이 병이요, 둘째는 조사라는 것이 병이요, 셋째는 자기라는 것이 병이요, 넷째는 남이라는 것이 병이다.

자기란 곧 스승이요, 남이란 학인이니, 낱낱이 약과 병을 모두 여읠 줄 알아야 비로소 이 두 구절을 꿰뚫어버리리라.

산승이 그대들에게 자세히 설명해 주리라. 지금 대중 선객들이 본분의 총림에 의지해서 본분의 선지식을 친견하니, 참으로 이십사시간 마음을 발하여 묻고 배웠다 하리라.

홀연히 어느 날, 경계를 만나고 인연을 만날 때 문득 깨달은 바가 있어 자기를 보게 되면, 한 생각에 식심이 깨져서 앞뒤의 한계가 끊어지며, 한 물건도 보지 않아서 몸과 마음의 모습을 볼 수 없으며, 마음이 고요히 이러-해서 실끝 하나 서지 않으리라.

안으로 이미 한 법도 없고, 밖으로도 역시 산하대지와 삼라만상을 볼 수가 없으며, 나아가서는 시방세계마저 마침내 모두 공하여 완전히 온통 참된 경계일 뿐이다.

범부라는 것도 없고, 성인이라는 것도 없으며, 중생이라는 것도 없고, 부처라는 것도 없으며, 생사를 벗어날 것도 없고, 보리를 얻을 것도 없다. 위로는 우러러 잡고 오를 것이 없고, 아래로는 자기의 몸도 없으리니, 이런 선객이라면 곧바로 환희하여 하루 종일 길이길이 이 속에 있으리라 긍정하노라.

빛을 보고 소리를 들으매, 실끝 만큼의 연관되고 상대됨이 없어서 장애되고 가애됨이 없으니, 한결같이 맑디 맑은 공〔毬子〕 같거늘 문득 여기에서 뿌리를 박고 살 계교를 일으키니, 한 번 이런 견해를 내면 당장 해탈과 무위라고 하는 깊은 구덩이에 빠진다.

움직일 수 없고, 꼼짝할 수도 없으며, 분명한 앎이 있는데도 입을 열지 못하고 의심의 뿌리가 끊이지 않아서 마음이 편안치 못하리니, 이러한 무리를 교(敎)에서 말하기를 이승(二乘)이라 하는데, 아와 법의 이공관(二空觀)을 닦아 인무아(人無我)와 법무아(法無我)의 이치를 증득해야만 대승을 희망하여 그 속에 머물게 된다.

그러므로 운문 대사가 "평지 위에서 죽은 사람이 무수하다." 하시니, 바로 이 병통을 말씀하신 것이니라.

이런 상좌들은 또 전의 공을 버리지 못하고 애써서 자기의 공부만을 쌓아서 날이 가고 달이 와서 소견이 또 생기면 말하기를 "나는 움직일 수 있다." 하기도 하고, "나는 전신(轉身)을 얻었다." 하기도 하며, "나는 입을 열 수 있나니, 원래 옛 사람이 말하기를 백

자 장대 끝에 앉은 사람은 비록 깨달아 들어가기는 했으나 참이 아니다. 백 자 장대 끝에서 한 걸음 나아가야 시방세계에 온몸을 나툰다 하였는데 나는 한 걸음 나아가 그 장대를 여의었다." 하기도 하며, 또 말하기를 "장사 화상의 말에 낭주의 산과 예주의 물이며, 사해와 오호가 왕의 덕화 속에 있다. 원래 만상 가운데 분명히 홀로 드러났다. 티끌마다 세계마다 두두물물마다 자기가 아님이 없다. 그러므로 산하대지 모두가 법신이요, 보배그물과 구름의 누대가 부처님의 경계 아님이 없다 한 것을 아노라." 하다가 남에게 질문을 받으면 문득 말하기를 "좋은 삼문(三門), 좋은 불전, 좋은 노주, 좋은 등롱, 좋은 산, 좋은 물이라." 하기도 하며 나아가서는 "삼계가 마음뿐이요, 만법이 오직 식(識)이다. 하나가 곧 일체에 즉했고, 일체가 곧 하나에 즉했다. 자유자재하여 걸림도 없고 장애도 없으며 가로는 큰 바다를 삼키고, 거꾸로 수미산을 세운다."라고 하느니라.

대중들이여, 이런 상좌들은 눈 밝은 사람이 아니면 어떻게 알아내리오. 그가 바로 가시밭 속에 앉은 것이니라. 운문 대사가 "가시밭에서 벗어나야 좋은 솜씨라." 했으니, 어떻게 해야 그런 두 가지 견해를 벗어날꼬? 집집마다 선(禪)이라 해도 역시 만 가지 병이라 할 것이니, 오직 총림에서 본분에 의하여 조금 조금씩 공부를 하다가 도리를 안 이라야 곧 이런 줄 알리라.

그대들, 납자들이 평상시에 동랑(東廊)과 서랑(西廊)에서 서로 만나면 입을 놀려 선을 말하는 것이 바로 이 두 가지 선이거니와 이런 경지에도 이르지 못할까 두렵도다. 흔히들 나귀 앞이나 말 뒤에서 하인을 상전으로 잘못 알고 바람 기운에 쏠려서 죽과 밥의 힘으로 한결같이 알음알이로 언어 위에서 달리고 있으니, 멀고도 멀도다.

운문 대사가 "평지 위에서 죽은 사람이 무수하다. 가시밭을 벗어나야 좋은 솜씨다." 한 것을 어떻게 알리오.

(불자를 세우고)

불자라 하면 평지 위에 죽은 사람이요, 불자라 하지 않아도 가시밭을 통과하지 못했느니라. 여러분이 이렇게 참구하기만 하면 망정의 견해와 공부했다는 기량과 언어와 생각과 계교를 일시에 깨끗이 다해서 자연히 알게 되리라.

(높은 소리로 대중을 부르고)

알았는가? 평지 위에 죽은 사람이 무수하니, 가시밭을 벗어나야 좋은 솜씨니라. 잘 있거라.

竹庵珪 小叅 擧此話云 大衆 者个 是雲門大師語 你作麽生會 如何喚做平地上死人 如何道出得荊棘林是好手 你諸人 若透得者兩句語便是不辜負平生叅學眼目 只這兩句 不妨難透 須是識得四種病 方能透得 者兩句語 第一 佛病 二 祖病 三 自己病 四 是他人病 自己 便是師家 他人 便是學者 一一識得藥病俱離 方是透得者兩句語 山僧更與你 字細說 如今衆中禪客 依本分叢林 見本分知識 眞个十二分用心 叩己叅學 忽然一日遇境逢緣 驀然有个省悟處 見得自己 一念識心

破 前後際俱斷 不見有一物 身心相 了 不可得 方寸湛然 纖毫不立 內旣無一法 外亦不見山河大地萬像森羅 以至盡十方世界 了了皆空 全是一眞之境 無凡無聖 無佛無衆生 無生死可出 無菩提可得 上無攀仰 下絕己躬 者个禪客 便歡喜 十二時中 長在裏許 見色聞聲 都無一絲毫頭爲緣爲對 爲障爲碍 一向打淨潔毬子 便向者裏 埰根做活計 一起此解 便墮落解脫無爲深坑中 動彈不得 轉身不得 明明知有 又開口不得 疑根不斷 心中 未得安樂 者个 教中 喚作二乘人 修我法二空觀 證得个人無我理 法無我理 望在大乘 那裏泊在 所以 雲門大師道 平地上死人 無數 正是說者般病痛也 者个上座 又不捨前功 只管自家做工夫 日來月去 又有个見處 道我動彈得也 我轉身得也 我開口得也 元來古人 道 百尺竿頭坐底人 雖然得入未爲眞 百尺竿頭須進步 十方世界現全身 我進得者一步 離却百尺竿頭 又會長沙和尙道朗州山澧州水 四海五湖王化裏 元來萬象之中 分明獨露 塵塵刹刹 物物頭頭 無有不是自己 所以 山河大地盡是法身 寶網雲臺 無非佛境 逢人問着便道好三門好佛殿好露柱好燈籠好山好水 以至說三界唯心 萬法 唯識 一卽一切 一切卽一 七縱八橫 無障無碍 橫呑巨海 倒卓須彌 大衆 者个上座 若不是明眼人 如何識得伊 者个 正是坐在荊棘林中 雲門大師道 出得荊棘林 是好手 作麽生出者兩種見解 喚作萬戶禪 亦謂之萬病員 但是叢林中 依本分 稍稍做工夫 識道理底 便會伊麽 是你禪和子尋常 東廊西廊 相逢相遇 打口皷子相禪底 便是者兩種禪 只恐又不能到得伊麽田地 多是驢前馬後 認奴作郎 爲風力所任 持粥飯氣相皷作一向在識情言語裏走 此更遠之遠矣 如何透得雲門大師道 平地上死人

無數 出得荊棘林是好手 乃竪起拂子云 喚作拂子 是平地上死人 不喚作拂子 未出得荊棘林在 你諸人 但恁麽忝 情見解會 伎倆工夫 言語思慮計較 一時淨盡 你自然會去 遂高聲召大衆云 會麽 平地上死人無數 出得荊棘林 是好手 珍重

☁ 공수 화상이 수좌를 청해 놓고, 상당하여 이 칙을 들고 말하였다.

운문 선사의 서 있는 곳은 매의 눈으로도 자취를 찾지 못하는데 어째서 이 속에 몸을 숨길 길이 없다 하겠는가? 헤아림을 초월한 근기를 밝히려면 못을 끊고 무쇠를 끊는 이라야 된다.

空叟和尙 請首座 上堂擧此話云 雲門立處 鶻眼迷蹤 因甚到這裏 却藏身無路 要明量外之機 還他斬釘截鐵漢 始得

 대원 문재현은 이 칙을 모두 들고나서 이르노라.

운문 선사의 말이 시원치 않으니 선승의 말도 그럴밖에.
봄취를 먹은 장끼의 벼슬이 붉다.
(주장자를 높이 들었다가
던져버리다.)

## 1039칙 화로를 한 번 치다

 본 칙

운문 선사가 주장자로 화로를 한 번 치니, 대중이 눈을 깜박이거늘 운문 선사가 말하였다.

"화로가 삼십삼천으로 뛰어 올라갔도다. 보았는가? 보았는가?"

대중이 말이 없자, 운문 선사가 말하였다.

"지혜없는 사람 앞에선 말하지 말라. 머리가 깨지고 이마가 찢어질라."

雲門 以柱杖 打火爐一下 大衆 眼目定動 師云 火爐跳上三十三天去也 見麽見麽 大衆 無語 師云 無智人前 莫說 打你頭破額裂

☁ 공수 화상이 화로를 놓는 날, 상당하여 이 칙을 들고 말하였다.

개도 건드리지 않는 썩은 내 나는 고기를 억지로 남에게 주려 했지만 다행히 대중에게 들켜 스스로가 짓고 스스로가 받았네.

空叟和尙 開爐上堂擧此話云 狗不撞底臭肉 剛要亞與人 賴遇大衆識破 只得自作自受

 대원 문재현은 이 칙을 모두 들고나서 이르노라.

자비가 없는 것은 아니나 운문, 운문 선사시여.
삼삼은 팔십일.

## 1040칙 초월해서는 초월했다 함마저 없는 일규

 본 칙

운문 선사가 대중에게 보이고 말하였다.

"눈에 부딪치는 것마다 걸림이 없게 되어서 명신, 구신[41] 등의 모든 법이 공해지면 산하대지는 이름일 뿐이라 명칭 또한 얻을 수 없으니 삼매라 할 것이며, 성품의 바다를 구비했다 하더라도 역시 바람 없이 겹겹이 이는 파도일 뿐이라, 당장에 깨달아서 알았다는 것이 없으면 깨달음이 곧 불성이기에 일 없는 사람이라 할 것이나, 다시 모든 것을 초월해서는 초월했다 함마저 없는 일규가 있음을 알아야 하느니라."

雲門 示衆云 直得觸目無滯 達得名身句身一切法空 山河大地 是名名亦不可得 喚作三昧 性海俱備 猶是無風匝匝之波 直得亡知於覺 覺卽佛性矣 喚作無事人 更須知有向上一竅在

41) 명신(名身), 구신(句身) : 명신은 사물의 이름. 구신은 문구들로서 명신, 구신은 모든 이름과 뜻을 말한다.

☁ 천동각 선사가 이 칙을 들고 말하였다.

손과 주인이 어울리지 않으니 양쪽이 모두 허물이 있다. 각각 스무 방망이씩을 때려줘야 되겠다. 그런데 모든 것을 초월해서는 초월했다 함마저 없는 일규는 어찌해야 되겠는가?

물소가 달 구경을 하니 무늬에 각이 생기고, 코끼리라 우레에 놀라니 꽃이 어금니로 들어간다.

天童覺 拈 賓主不諧 二俱有過 各與二十棒 祇如向上一竅 又作麽生 犀因翫月紋生角 象被雷驚花入牙

○ 영원청 선사가 상당하여 말하였다.

알기를 철저히 알면 만 가지 법으로 견줄 수 없고, 밝히기를 철저히 밝혔다면 어찌 다시 원만히 이뤄졌다곤들 말하랴. 보지 못했는가? 운문 대사가 말하기를 "눈에 부딪치는 것마다 걸림이 없게 되어서 (중략) 모든 것을 초월해서는 초월했다 함마저 없는 일규가 있음을 알아야 하느니라." 했으니 대중들이여, 말해보라. 운문 대사는 모든 것을 초월해서는 초월했다 함마저 없는 일규가 있음을 알고 있다 하겠는가?

만일 알았다면 어디에 다시 허다한 갈등이 있으며, 몰랐다면 어찌 이렇게 말할 줄 알았으랴. 법을 가릴 줄 아는 안목을 갖춘 이는 가려내보라.

靈源淸 上堂云 會卽徹底會 萬法 無比對 明卽徹底明 那更話圓成 豈不見 雲門大師道 直得觸目無滯至向上一竅在 大衆 且道 雲門大師還知有向上一竅也未 若道知有 什麽處 更有許多葛藤來 若不知有 又爭解恁麽道 具擇法眼者 試定當看

ꕥ 운문고 선사가 상당하여 이 칙을 들고 말하였다.

기름을 뿌려 불을 끄려는 짓처럼 미련하고 헛된 일이요, 눈 위에 서리를 보태는 것이어서 사람을 근심케 할 뿐이니라.

雲門杲 上堂擧此話云 潑油救火渾閑事 雪上加霜 愁殺人

 대원 문재현은 이 칙을 모두 듣고나서 이르노라.

좋은 일도 없음만 못하다 했던가…

악!

## 1041칙 맑은 파도

 본 칙

운문 선사에게 어떤 선승이 물었다.
"불법이 물속의 달과 같다 하니, 사실입니까?"
운문 선사가 대답하였다.
"맑은 파도에는 통과해야 할 길도 없다."
선승이 다시 물었다.
"화상께서는 어디서 얻으셨습니까?"
운문 선사가 도리어 물었다.
"거듭 물음이 어디서 왔는가?"
선승이 물었다.
"그렇게 할 때가 어떠합니까?"
운문 선사가 대답하였다.
"겹겹의 관산로니라."

雲門 因僧問 佛法 如水中月 是否 師云 淸波 無透路 僧云 和尙 從何得 師云 再問 復何來 僧云 便恁麽去時如何 師云 重疊關山路

## ◌ 원오근 선사 송

온세계에 감출 수 없음이여
맑은 파도 조용하고 맑다
서로의 기틀이 맞아 서로 주고받으며
화살 끝과 화살 끝이 마주침일세
모든 것을 초월했다 함마저 세우지 않는 망치를 들어 올림이여
전광석화도 미치지를 못하네
곧바로 믿는가
관산 푸른 못이 막는다거나
구름 밖이라거나 상관없네

圓悟勤 頌
徧界不藏　　淸波澄寂
互換投機　　箭鋒相直
提起向上鉗鎚　石火電光莫及
便恁麽
隔關山碧潭　　雲外不相關

○ 본연 거사 송

풍류 선비가 전쟁을 일삼으니
서로 따르고 쫓으며 겨루는 일 알겠는가?
배를 부릴 줄도 모르면서 하늘에 오르려고 하다
가련하게도 풍파에 시달리고 있구나

本然居士 頌
風流儒雅事干戈
往返周旋會得麽
未解操舟上雲漢
可憐憔悴因風波

ᔕ 숭녕근 선사가 이 칙을 들고 말하였다.

만 리의 맑은 파도 응연히 맑고 고요하고 보배달 높이 떠서 광채가 만상을 삼켰다. 그 선승이 한 채의 배를 띄우고 운문 선사의 법바다에 들어와서 한바탕 사나운 바람을 일으켰구나. 그가 키를 잡고 돛을 크게 달았을 때는 쉽사리 당할 수 없을 것 같더니 삿대를 내린 뒤에는 아깝게도 한 수 졌도다. 말해보라. 어디가 진 곳인가? 가려내보라.

崇寧勤 拈 淸波萬里湛寂凝然 寶月 凌虛 光呑群像 這僧 泛一隻船入雲門法海裏 引得一陣猛風 看伊把舵張帆 也不易當抵 及至下梢 可惜輸却一籌 且道 什麽處是輸處 試辨看

 대원 문재현은 이 칙을 모두 듣고나서 이르노라.

"불법이 물속의 달과 같다 하니, 사실입니까?" 할 때 이 사람이라면 "이때까지 눈은 뭐하려고 붙였으며 귀는 뭐하려고 달고 다녔단 말인가. 그따위 눈, 그따위 귀로는 설사 보고 듣는다 하더라도 물속의 달놀음이나 하는 자를 면치 못한다."는 말과 동시에 한 대 때려 쫓았을 것이다.

어째서인가? 가려내보라.

## 1042칙 여섯으로 거둘 수 없는 것이니라

 본 칙

운문 선사에게 어떤 선승이 물었다.
"어떤 것이 법신입니까?"
운문 선사가 대답하였다.
"여섯으로 거둘 수 없는 것이니라."

雲門 因僧問 如何是法身 師云 六不收

ꙍ 설두현 선사 송

일, 이, 삼, 사, 오, 육이여
눈 푸른 노승이 헤아려도 헤아릴 수 없건만
소림에서 부질없이 신광에게 전했다고 하고
옷을 두르고 천축으로 갔다 하네
천축이라 하면 멀고 멀어 찾을 수 없으니
밤이 되면 유봉을 향하여 자라

雪竇顯 頌
一二三四五六
碧眼胡僧數不足
小林謾道付神光
卷衣又說歸天竺
天竺茫茫無處尋
夜來却對乳峯宿

ꕀ 대각련 선사 송

티끌세계 삼천이여 넓어 놀기에 좋구나
금륜왕이 들어 보이자마자 곧바로 고개 들어 우러르네
가엾다! 한고조는 영웅의 기질 없어서
홍주의 사백 고을만을 겨우 얻었네

大覺璉 頌
塵刹三千廓勝遊
金輪才擧便擡頭
堪嗟漢祖無英氣
只取鴻溝四百州

ᯅ 숭녕근 선사가 이 칙을 들고 말하였다.

겨우 반밖에 이르지 못했다. 만일 도림에게 묻는다면 “하나도 세우지 않는다.” 하기만 했으리라.

(이어서 다음과 같이 송하기를)

하나도 세우지 않는다 함과 여섯으로 기두지 못하는 것이라 함이여
갑자기 어디 다시 자취가 있을 건가
끝없는 청산 길이 머묾 없고
지는 꽃, 흐르는 물 몹시도 한가하다

崇寧勤 拈 祇道得一半 若問道林 祇對他道 一不立 遂成頌
一不立六不收
突然那更有蹤由
無限青山留不住
落花流水大悠悠

 대원 문재현은 이 칙을 모두 듣고나서 이르노라.

혹시라도 육근이니, 육식이니, 육경이니, 육진이니 하는 것으로 본다면 운문 선사의 뜻과는 십만팔천리다. 어째서인가?

옥닭이 수미산을 등에 업고
초명의 망자 속에 들어간다

# 1043칙 삼문 앞에서 합장하고, 불전 안에서 향을 피운다

 본 칙

운문 선사가 어떤 선승에게 물었다.

"오늘 나한께 공양을 올렸는데 나한이 오셨던가?"

선승이 말이 없자, 운문 선사가 대신 말하였다.

"삼문 앞에서 합장하고, 불전 안에서 향을 피운다."

雲門 問僧 今日供養羅漢 羅漢 還來也無 僧 無語 師代云 三門頭 合掌 佛殿裏 燒香

ꩰ 황룡남 선사가 상당하여 이 칙을 들고 말하였다.

귀종은 그렇게 하지 않고, 물이 있는 곳엔 모두 달이 비치고, 산에는 구름 끼지 않은 곳이 없다 하리라. 말해보라. 같은가, 다른가?

黃龍南 上堂擧此話云 歸宗 卽不然 有水皆含月 無山不帶雲 且道是同 是別

☁ 앙산위 선사가 상당하여 이 칙을 들고 말하였다.

대중에서 헤아리기를 "이것이 곧 온 것이라." 하니, 옛사람을 비방하지 말라. 여러분이 그로부터 옛사람의 뜻을 보지 못했을 뿐이다. 그러므로 비방이 된다. 앙산은 그렇게 하지 않으리라.

부처님 앞에 향을 피우니 이 누구인가?

삼문 앞에서 합장한다는 것은 특별히 맞이한 것이니라. 공양을 하려면 모름지기 정미롭고 미세한 안목을 갖추어야 되는 것이니, 한 생각 가벼운 마음에 형상으로 보려고 하지 말라.

(불자로 선상을 치다.)

仰山偉 上堂擧此話云 衆中 商量道 便是來也 且莫謗他古人 自是諸人 未見得古人意 所以 却成謗去 仰山 卽不然 佛前燒香 是何人 門頭合掌特地迎 供養 須具精細眼 一念輕心不見形 以拂子擊禪床

 대원 문재현은 이 칙을 모두 들고나서 이르노라.

"오늘 나한께 공양을 올렸는데 나한이 오셨던가?" 할 때 "내 먼저 좌구가 이르는군요." 해서 뒷말의 수고를 끼치지 말았어야 했다.

## 1044칙 길다

 본 칙

운문 선사가 수어하였다.
"불법은 분명 있으나 다만 혀끝이 짧을 뿐이로다."
다시 스스로 말하였다.
"길다."

雲門 垂語云 佛法大殺有 只是舌頭短 復自云 長也

### ☁ 취암열 선사의 문답

취암열 선사가 이 칙을 들고 말하였다.

"운문 선사의 그런 말은 역시 진주에서 왔도다."

선승이 물었다.

"화상은 어떠하십니까?"

취암열 선사가 곧바로 때렸다.

翠嵒悅 拈 雲門與麽道 也是秦州來 僧云 和尙 作麽生 師便打

ꩠ 천동각 선사가 이 칙을 들고 말하였다.

운문 대사가 비록 스스로 쓰러지고 스스로 일어났지만, 수레는 옆으로 미는 것이 아니고, 이치는 굽은 것으로 결단하는 것이 아니다.

天童覺 拈 雲門大師 雖然自起自倒 要且車不橫推 理不曲斷

☁ 운문고 선사가 대중에게 보이고 이 칙을 들고 말하였다.

산 밑의 길로 다니지 말라고 하더니, 과연 원숭이의 애끊는 소리를 듣겠구나.

雲門杲 示衆擧此話云 向道莫行山下路 果聞猿叫斷腸聲

 대원 문재현은 이 칙을 모두 들고나서 이르노라.

사랑이 지나치면 병이 된다더니 이를 두고 하는 말이랄까.

산 위에는 구름이 한가하고
계곡에는 흐르는 물 바쁘네

운문이시여, 차나 드소서.

# 1045칙 한산자는 어떤가

 본 칙

운문 선사가 대중에게 보이고 말하였다.
"여름 안거도 벌써 며칠이 지났다. 한산자(寒山子)는 어떤가?"
대위진여가 말하였다.
"여름 안거도 벌써 며칠이 지났습니다. 수고우(水牯牛)는 어떤가요?"

雲門 示衆云 結夏得數日也 寒山子 作麽生 大潙眞如道 結夏得數日 水牯牛 作麽生

☁ 원오근 선사가 이 칙을 들고 말하였다.

여름 안거도 며칠이 지났다. 여러 상좌들은 어떤가?

한산자라 한 것은 뜻이 낚시끝에 있고, 수고우라 한 것은 일이 함과 뚜껑에 있도다. 말해보라. 여러 상좌들은 그 뜻이 어디에 있다고 하겠는가? 눈썹을 아껴라.

圓悟勤 拈 結夏數日也 諸上座 作麽生 復云 寒山子 意在鉤頭 水牯牛 事在函蓋 且道 諸上座 落在什麽處 惜取眉毛

ꩡ 원오근 선사가 다시 상당하여 말하였다.

옛 사람이 말하기를 "여름 안거를 지낸 지 11일이다. 한산자는 어떤가?" 하였고 또 "여름 안거를 지낸 지 11일이다. 수고우는 어떤가?" 했으나 산승은 그렇게 하지 않으리니, 여름 안거를 지낸 지 11일이다. 등롱과 노주는 어떤가? 만일 등롱과 노주를 터득하면 수고우를 알 것이요, 수고우를 알면 한산자를 보겠지만 만일 망설이면 "노승이 그대들의 발밑에 있다."라고 이르리라.

又上堂擧古者道 結夏得十一日也 寒山子 作麽生 又道 結夏 得十一日也 水牯牛 作麽生 山僧 卽不然 結夏得十一日也 燈籠露柱 作麽生 若透得燈籠露柱 卽識水牯牛 若識得水牯牛 卽見寒山子 忽若擬議 老僧 在你脚底

☁ 백운병 선사가 상당하여 이 칙을 들고 말하였다.

가없이 이러-히 트인 길이거늘 이르는 이 드물다. 마주 보면서 드러냈건만 아는 이 누구던가? 운문 선사는 돛을 달고 노를 저을 줄만 알았지 뱃머리가 기슭에 부딪친 줄은 몰랐다.

만일 남화라면 그렇게 하지 않으리니, 여름 안거가 며칠이 지났다. 행여라도 움직이지 말라. 만일 움직이면 허공이 부서지듯 하리라. 알겠는가?

꽃은 떨어져 저절로 흐르는 물을 따라가고, 두견새는 공(空)의 뜻을 깨달아 사람들에게 고향으로 돌아가라 권하는구나.

白雲昺 上堂擧此話云 通途寥廓 到者幾稀 覿面相呈 有誰委悉 雲門只知皷棹揚帆 不覺船頭撞岸 若是南華 卽不然 結夏得數日也 切忌動着 若也動着 虛空撲落 還會麽 花落自隨流水去 杜鵑 空解勸人歸

 대원 문재현은 이 칙을 모두 듣고나서 이르노라.

만약 운문 선사가 내게 그와 같이 물었다면 손뼉을 치고 하. 하. 대소로 자리를 떨치고 나왔을 것이다.

## 1046칙 대중은 뒤로 물러서라

### 본 칙

운문 선사에게 어떤 선승이 물었다.

"첫가을, 늦여름입니다. 길 앞의 누군가에게 질문을 받으면 그에게 무엇이라 대답하리까?"

운문 선사가 말하였다.

"대중은 뒤로 물러서라."

선승이 다시 물었다.

"허물이 어디에 있습니까?"

운문 선사가 대답하였다.

"나에게 90일 동안의 밥값을 내라."

雲門 因僧問 秋初夏末 前程 或有人 問 未審對他道什麽 師云 大衆退後 僧云 過在什麽處 師云 還我九十日飯錢來

☁ 천동각 선사 송

대중은 물러서라 함이여
틀을 묘하게 초월했네
제자리에 놓을 것도 없는데
무엇하러 다투어 쌓으려 하는고
거문고줄 울린 특별한 곡조 누가 알꼬
창자를 펴서 쓸개를 씻어 그가 입을 열었네
총림에선 절대로 어지러이 헤아리지 말라
삼세의 모든 부처님도 아는 것이 없느니라

天童覺 頌
大衆退後　妙超窠臼
不用安排　何須飣餖
動絃別曲孰知音　舒腸瀝膽渠開口
叢林切莫亂商量　三世諸佛不知有

☁ 천동각 선사가 다시 송하였다.

대중은 물러서라 함이여
납자의 거취일세
어찌 근본의 씀이라거나 체를 궁구한다는 것인들 용인되랴
삿갓 쓴 어부는 파도에 익숙하여
돛대도 달지 않고 배를 띄워 놓았네

又頌
大衆退後　衲僧去就
豈用機關那容體究
蓑翁老熟慣波濤
橈棹不施船放溜

ꩻ 대위철 선사가 이 칙을 들고 말하였다.

그 선승은 앞길을 너무 서둘러서 운문 선사로 하여금 밥값을 찾게 하였다. 지금 운문 선사를 알 이가 있는가? 나와서 대위와 만나자.

(잠잠히 있다가)

조수를 희롱하는 사람이 아니면 큰 파도 속에 들지 말라.

大潙喆 拈 這僧 貪程大速 致使雲門 隨索飯錢 而今 還有識雲門者麽 出來與大潙相見 良久云 不是弄潮人 休入洪波裏

ꕥ 원오근 선사가 이 칙을 들고 말하였다.

그 선승은 파도 구경을 탐하였고, 운문 선사는 기틀을 봐서 행했도다. 비록 쇠를 끊고 못을 끊으나 본분의 설법은 되지 못한다.

어떤 이가 숭녕에게 물으면 그저 그에게 대답하기를 "나귀의 일이 끝나기 전에 말의 일이 이르렀도다." 하기만 하여 그가 어떠한가를 봐서 등줄기를 방망이로 때리리라.

圓悟勤 拈 者僧 貪觀白浪 雲門 見機而作 雖則截鐵斬釘 未是本分草料 有問崇寧 祗對 驢事未了 馬事到來 待伊如之 若何 劈脊便棒

ꕤ 묘지곽 선사가 상당하여 이 칙을 들고 말하였다.

대단하다는 운문 선사가 도리어 그 선승의 감정을 받았다. 말해보라. 어디가 감정한 곳인가? 만일 이 속에서 검고 흰 것을 가려낼 수 있다면 그대는 허탕을 치지 않았다 하겠지만 육왕에서 여름을 지내고도 검고 흰 것을 가려내지 못한다면 나에게 90일 동안의 밥값을 갚아야 하리라.

妙智廓 上堂擧此話云 大小雲門 却被這僧勘破 且道 甚處是勘破處 若向這裏 緇素得出 許汝不虛在 育王過夏 若緇素不出 還我九十日飯錢來

○ 밀암걸 선사가 이 칙을 들고 말하였다.

평탄하기는 거울 같고, 험하기는 칼산 같다. 그 선승은 견고한 관문을 깨뜨리는 기틀과 지략이 있고, 운문 선사는 싸우지 않고 적의 군사를 항복시키는 수단을 잘 썼다. 그렇기는 하나 그의 콧구멍이 영은의 손 안에 있느니라.

密庵傑 擧此話云 平如鏡面 險若刀山 這僧 有破牢關底機謀 雲門善用不戰屈人兵底手段 雖然如是 鼻孔 在靈隱手裏

 대원 문재현은 이 칙을 모두 들고나서 이르노라.

만약 나에게 "첫가을, 늦여름입니다. 길을 가다가 누군가에게 질문을 받으면 그에게 무엇이라 대답하리까?" 묻는다면 "늦여름, 첫가을일세."라고만 할 것이다.

# 1047칙 법신

 본 칙

운문 선사에게 어떤 선승이 물었다.

"어떤 것이 법신의 향상사[42]입니까?"

운문 선사가 대답하였다.

"향상사를 일러주기는 어렵지 않으나 어떤 것이 법신이라고 생각하는가?"

선승이 말하였다.

"화상께서 감정해 주십시오."

운문 선사가 말하였다.

"감정하는 것은 그만두고 어떤 것이 법신이라고 생각하는가?"

"이러하고 이러합니다."

운문 선사가 말하였다.

"그것은 긴 평상[43] 위에서 배운 것이리라. 내가 다시 묻노니, 법신도 밥을 먹을 줄 아는가?"

선승이 대답이 없었다.

---

42) 향상사(向上事) : 초월해서는 초월했다는 것마저 없는 경지.

43) 긴 평상 : 원문의 장연상(長連床)은 좌선을 하고 앉아서 쉬는 평상을 말한다.

雲門 因僧問 如何是法身向上事 師云 向上 與你道卽不難 作麼生會法身 僧云 請和尙鑑 師云 鑑卽且置 作生會法身 僧云 恁麽恁麽 師云 者个 是長連床上學得底 我且問你 法身 還解喫飯麽 僧 無語

ꩰ 설두현 선사가 이 칙을 들고 말하였다.

아홉 길의 산이 다 되어가는데 한 삼태기의 흙을 못 채웠구나. 허물이 어디에 있는가?

雪竇顯 拈 將成九仞之山 不進一簣之土 過在什麽處

ᔕ 지해일 선사가 상당하여 이 칙을 들고, 이어 설두 선사가 이 칙을 들어 말한 것을 들고 말하였다.

여러분은 모두가 한 총림에서 나와 다른 총림으로 들어가니 모두가 산을 만드는 사람이다. 또한 말해보라. 그 선승의 한 삼태기의 흙이 어디에 있는가? 보태어 보라. 만일 보탤 수 있으면 공을 베푼 것이 허망하지 않겠지만, 만일 보태지 못한다면 수고했으나 공은 없으리라.

智海逸 上堂擧此話 連擧雪竇拈 師云 祇如諸人 出一叢林 入一叢林 盡是爲山之土 且道 這僧一簣土 在甚處 試請覆看 若也覆得 功不浪施 若覆不得 也是勞而無功

ᔓ 양가 암주가 말하였다.

운문 선사는 단박에 진흙에 들고 물에 들었도다.

梁家庵主 云 雲門 直得入泥入水

ↀ 법진일 선사가 이 칙에서 "감정해 주십시오." 한 것까지 들고 말하였다.

감정해 마쳤도다.

(운문 선사가 "감정하는 것은 그만두고 어떤 것이 법신이라고 생각하는가?" 하니, 선승이 "이러하고 이러합니다." 한 것까지 들고 말하기를)

두 겹의 공안이로다.

(운문 선사가 "그것은 긴 평상 위에서 배운 것이니라." 하니 선승이 말이 없었다는 것까지 들고 대신 말하기를)

화상께선 제가 진실이 아닌가를 걱정하시는군요.

(또 보복 선사가 "한 알의 쌀이 모자라도 안 되고, 한 알의 쌀이 남아도 안 된다." 하고 설두 선사가 "아홉 길의 산이 다 되어가는데 한 삼태기의 흙을 못 채웠구나. 허물이 어디에 있는가?" 한 것을 들고 말하기를)

점검해 보건대 서른 방망이를 주는 것이 좋겠도다.

法眞一 擧此話至鑑 師云 勘破了也 門云 鑑卽且置 作麽生會法身 僧云 恁麽恁麽 師云 兩重公案 門云 者个 是長連床上學得 至僧無語 師代云 和尙 恐某甲不實 又擧保福云 欠一粒也不得 剩一粒也不得 雪竇云 將成九仞之山 至什麽處 師云 點檢將來 好與三十棒

ꗃ 숭녕근 선사가 이 칙을 들고, 이어 설두 선사가 "아홉 길의 산이 다 되어가는데 한 삼태기의 흙을 못 채웠다." 하였고, 보복 선사가 "한 알의 쌀도 모자라서는 안 된다." 하였고, 어떤 고덕이 "무엇으로 밥을 짓는다 하는가?" 한 것을 들고 말하였다.

운문 선사는 가위 밭 가는 농부가 소를 채찍질을 하고, 시장한 사람의 밥을 빼앗음이라 하겠으니 불조의 저울추와 저울대라 할 것이며, 종승의 귀감이라 하겠다. 그런 까닭에 후세의 존숙이 제각기 안목을 내어서 종풍을 붙들어 세웠다.

그러나 겨우 법신의 곁일을 밝혔을 뿐이요, 향상사는 밝히지 못했다. 그러면 어떤 것이 향상사인가?

나라 안에는 향하고 등지는 것이 없고, 국경 밖에는 저울대와 저울추가 있도다.

崇寧勤 擧此話 連擧雪竇云 將成九仞之山 不進一簣之土 保福云 欠他一粒也不得 又古德 云 喚什麽作飯 師云 雲門 可謂驅耕夫牛 奪飢人食 權衡佛祖 龜鑑宗乘 所以 後來尊宿 各出眼目 扶立宗風 雖然如是 祗明得法身邊 未明得向上事 且如何是向上事 域中無向背 閫外有權衡

 대원 문재현은 이 칙을 모두 들고나서 이르노라.

"법신도 밥을 먹을 줄 아는가?" 했을 때
"험! 날아가는 버들솜도 누설한다." 했어야 했다.

## 1048칙 봄 인연에 속하지 않는 한 구절

### 본 칙

운문 선사가 수어하였다.

"하늘과 땅에 함과 뚜껑이며, 어떤 미세한 것도 가려볼 수 있는 기민한 안목이니라. 봄 인연에 속하지 않는 한 구절을 어떻게 이르겠는가?"

대중이 대답이 없자, 운문 선사가 스스로 대신 말하였다.

"한 화살이 세 관문을 꿰뚫었느니라."

雲門 垂語云 函盖乾坤 目機銖兩 不涉春緣 一句 作麽生道 衆 無語 自代云 一鏃 破三關

☁ 덕산 원명밀 선사 송

건곤과 만상
지옥과 천당에 이르기까지
물물마다 참의 현현이라
사사건건 이지러짐이 없다
(하늘과 땅에 함과 뚜껑 같음)

산을 쌓고 봉우리를 쌓아 올린 것
낱낱이 모두가 가는 티끌이니라
현묘함을 다시 헤아려 논하려 하면
얼음 녹듯, 기와 부서지듯 하리라
(뭇 흐름을 끊음)

예리한 혀와 구변 좋은 입으로 물어도
높건 낮건 모두 부족함이 없게 한다
마치 병에 맞추어 약을 주는 것 같아서
진단은 경우에 따라 내린다
(파도를 따르고 물결을 쫓음)

이 사람이 들어 제창한다면

‘삼구인들 어찌 능히 갖췄다 하겠는가’라고 하리라
누군가가 무슨 일인가 묻는다면
남악과 천태라 하리라
(세 구절 밖에 따로 한 구절을 둠)

德山圓明密 頌
乾坤幷萬像
地獄及天堂
物物皆眞現
頭頭惣不傷(函盖乾坤)

堆山積嶽來
一一盡塵埃
更擬論玄妙
氷消瓦解摧(截斷衆流)

辯口利舌問
高低惣不虧
還如應病藥
診候在臨時(隨波逐浪)

當人如擧唱

三句豈能該

有問如何事

南岳與天台(三句外別置一句)

### ♡ 천의회 선사 송

소양의 세 구절, 사람이 참구하기에 알맞건만
눈 푸른 달마도 알지 못하네
각성(覺城) 동쪽의 모든 벗에게 물은 바이지만
그때의 가리킴이 모두 그르쳤다 감히 이르노라

天衣懷 頌
韶陽三句足人叅
碧眼胡僧未盡諳
覺城東畔詢諸友
敢道當時錯指南

ᢀ 광령조 선사 송

땅에는 사사로움 없는 구절이 있게 하고
하늘에는 덮어 기르는 공이 있게 한다
삼라와 만상에 어울리고
높고 낮음에 두루 통한다
(하늘과 땅에 함과 뚜껑 같음)

티끌이나 모래만큼 질문을 한들
대꾸하기에 무슨 어려움 있으랴
생각하고 헤아리면 벌써 신라 만큼 어긋나고
머리를 쳐든다 해도 만 겹 산처럼 멀어진다
(파도를 따르고 물결을 쫓음)

오오는 이십오여
나무장승이 불 속에서 춤춤이요
남산에 흰 구름 일고
북악에 장마 비 뿌림일세
(뭇 흐름을 끊음)

廣靈祖 頌

地有無私句

天垂覆育功

森羅融萬像

高下盡通同(函盖乾坤)

塵沙立問端

應荅豈爲難

擬議新羅國

擡頭越萬山(隨波逐浪)

五五二十五

木人火裏舞

南山起白雲

北岫傾霖雨(截斷衆流)

☁ 개선섬 선사가 상당하여 수산념 선사가 운문 선사의 세 구절을 설한 것에서 "어떤 것이 하늘과 땅에 함과 뚜껑 같다 한 구절인가?" 함에 "땅덩어리에 붉은 먼지 일으킨다." 한 것을 들고 말하였다.

수산 선사는 팔방과 육합 모두에 함과 뚜껑 같다고 알았구나.

("어떤 것이 파도를 따르고 물결을 좇는 구절인가?" 함에 수산 선사가 "봄이 가고 가을이 온다." 한 것을 들고 말하기를)

수산 선사는 때맞추어 교차하여 봄이 가고 가을이 오는 것이 파도를 따르고 물결을 따르는 것이라고 알았구나.

("어떤 것이 뭇 흐름을 끊는 구절인가? 함에 수산 선사가 "황하가 지난 밤에 얼었느니라." 한 것을 들고 말하기를)

수산 선사는 뭇 흐름을 모두 끊는 것이 요긴한 길목에서 잡아 끊음이라고 알았구나. 그러므로 이런 구절을 말했거니와 만일 이렇게 알면 정말 안 될 것이다.

그러므로 수산 선사의 도의 가치가 우뚝 높아서 여러 조사와 어깨를 나란히 한 듯 스스로 우쭐한 이 한 마당은 한 때의 작용일 뿐이다.

만일 개선의 견해에 의한다면 그렇게 하지 않으리니, 오늘 감히 대중 앞에서 삼전어(三轉語)를 제시해 보이리라.

어떤 것이 하늘과 땅에 함과 뚜껑 같다는 구절인가?

(주장자를 들어 세우고)

이것은 주장자니라. 알겠는가? 진실로 면면히 이어져서 털끝만큼도 샘이 없거늘 어디엔들 함과 뚜껑 같지 않으리오.

다음은 어떤 것이 파도를 따르고 물결을 좇는 구절인가?

(다시 주장자를 들어 세우고)

이는 주장자다. 알겠는가? 진실로 걸음걸음마다 친하여 때때마다 간격이 없거늘 어딘들 따르지 않으리오.

어떤 것이 뭇 흐름을 끊는 구절인가?

(다시 주장자를 들어 세우고)

이는 주장자다. 알겠는가? 진실로 두문[44]의 수문을 닫아서 한 방울도 흐름이 없거늘 어느 곳이 끊지 못함이랴.

(다시 대중을 부르고)

알겠는가? 만일 모르겠거든 다시 대중에게 한 가닥 길을 터주리라.

바다 밑에 먼지가 일고 높은 산에 파도가 인다.

만일 보리를 배우려거든 이 본보기만을 보라.

(주장자를 던지다.)

開朱暹 上堂 擧首山念 出雲門三句語云 如何是函蓋乾坤句 首山云 大地 起紅塵 師云 首山 意謂八方及盡六合 函蓋 如何是隨波逐浪句

44) 두문(斗門) : 배를 만들 때 물을 채우는 곳. 이것을 채워야 배가 뜨게 된다.

首山 云 春去秋來 首山 意謂順時交謝 春去秋來 是隨波逐浪 如何是截斷衆流句 首山 云 黃河昨夜凍 首山 意謂衆流俱絶 把斷要津 故有斯句 若如是解 誠爲不可 然則首山 道價孤標 平肩諸祖 而於自得之場 盖是一期之作 若據開先見處 卽不然 今日 敢爲大衆 試着三轉語 遂云 如何是函盖乾坤句 師乃拈起柱杖云 者个 是柱杖子 還會麽 實謂綿綿不漏絲髮 甚處不函盖 如何是隨波逐浪句 師復拈起柱杖云 者个 是柱杖子 還會麽 實謂步步相親 時時無間 甚處不隨 如何是截斷衆流句 師亦拈起柱杖云 者个 是柱杖子 還會麽 實謂斗門下閘 涓滴不通 甚處不截斷 復召大衆云 還會麽 若未會 更與大衆 開一線道 海底 生紅塵 高山 起波浪 若欲學菩提 但看此牓樣 擲下柱杖

ᘓ 귀종원 선사가 상당하여 이 칙을 들고 말하였다.

대중들이여, 운문 선사가 비록 이런 말을 하기는 했으나 이런 묘한 솜씨는 없다. 만일 금산이라면 그렇게 하지 않으리니 "원앙새 수놓은 것 그대 마음대로 보시오만은 금바늘을 남에게 줄 수는 없다." 하리라.

歸宗元 上堂擧此話云 大衆 雲門 雖有此言 要且無此妙手 若是金山 卽不恁麽 鴛鴦繡了從君看 莫把金針度與人

ထ 지해일 선사가 상당하여 이 칙을 들고, 이어 귀종원 선사의 상당 법문을 들고 말하였다.

이 두 노장은 공연한 이름뿐이요 실속은 없다. 지해가 걸음으로 인해 팔을 흔듦이 무방하리니, 첫째는 운문 선사를 위해 세 관문을 화살촉을 쏴서 깨뜨림이요, 둘째는 금산 사형을 위해서 수놓은 원앙을 완성함이다.

(말없이 보이고)

여름 구름에 많은 기이한 봉우리가 어떻게 생겨났는가.

(자리에서 내리다.)

智海逸 上堂擧此話 連擧歸宗元上堂 師云 此之二老 空有其名 而無其實 智海 因行 不妨掉臂 一爲雲門禪師 發破三關箭鏃 二爲金山師兄 圓成綉了鴛鴦 良久云 夏雲 多奇峯 何似生 便下座

ꩰ 황룡신 선사가 상당하여 말하였다.

하늘과 땅에 함과 뚜껑이며, 어떤 미세한 것도 가려볼 수 있는 기민한 안목이니라. 봄 인연에 속하지 않음을 어떻게 이르겠는가?

삼산(三山)에 밤 달이 가려져도, 만 집의 문을 비추어 깨뜨린다.

黃龍新 上堂云 天中 函蓋乾坤 目機銖兩 不涉春緣 作麼生道 三山鏁夜月 照破萬家門

 대원 문재현은 이 칙을 모두 듣고나서 이르노라.

극에 이른 운문 선사의 분별의 병을 보고 그저 지나칠 수 없구나.
악!

## 1049칙 소라와 방합은 어디에 있는가

 본 칙

운문 선사가 수어하였다.

"만천망[45]을 펴서 용을 잡고, 실그물을 펴서 새우를 건지고 조개를 건지니, 소라와 방합은 어디에 있는가?"

스스로 대신 말하였다.

"안목을 갖춘 이는 보라."

雲門 垂語云 布幔天網 打龍 布糸網 撈蝦摝蜆 螺蚌 落在甚處 自代云 具眼看

45) 만천망(幔天網) : 하늘을 덮는 큰 망으로 한 사람도 달아나지 못하게 하는 것이다. 선림에서는 스승이 학인을 받아서 교화할 때 밀밀하게 주도하는 것을 말한다. 장만천망(張幔天網)이라고도 한다.

ᔕ 개선섬 선사가 상당하여 이 칙을 들고 말하였다.

누가 안목을 갖추지 않은 사람이랴. 옛 사람이 낚시꾼이라 하기도 했고, 사냥꾼이라고도 하였으니, 자라도 낚고, 고래도 낚고, 범도 잡고, 들소도 잡는다. 놓거나 잡음이 그 손에 달렸고 죽이거나 살림이 그 사람에게 있다.

혹은 개울가와 들판을 걷거나, 복사꽃을 보거나, 오솔길을 한가로이 걷거나, 갑자기 발가락을 걷어 채이기도 한다.

여기에서 깨달아 돌이키면 스승이 누구던가?

눈밝은 납자는 가려내보라.

(잠잠히 있다가)

30년 뒤에 부끄러움을 이기지 못하리라.

開先暹 上堂擧此話云 誰是不具眼 古者謂之釣客 亦謂之獵師 釣鼇釣鯨 擒虎搦兕 縱橫在手 殺活由人 其間 或有溪邊野步 因見桃花 陌上閑行 俄然蹴趾 於茲 返悟 師範阿誰 明眼衲僧 試請辨看 良久云 三十年後 不勝懡㦬

☁ 보림본 선사가 상당하여 이 칙을 들고 말하였다.

선덕들이여, 말해보라. 어디가 안목을 갖춘 곳인가? 옛 사람이 비록 살리고 죽이는 기개는 있었으나 그 묘함을 다하지는 못했다. 무슨 까닭인가?

홀연히 묘시조왕이 우주에 몸을 드러내면 설사 부처라도 입만 벌리고 눈만 껌벅이리라. 만천망으로 덮을 수 있겠는가? 눈 있는 이는 감정해 보라.

寶林本 上堂擧此話云 諸禪德 且道 什麽處是具眼處 古人 雖有生殺之機 未能曲盡其妙 何故 忽若妙翅鳥王 橫身宇宙 便是黃面瞿曇 也祇是張得口眨得眼 還幔得着麽 有眼底 鑑看

 대원 문재현은 이 칙을 모두 듣고나서 이르노라.

운문이시여!

용을 잡고 새우를 건지며 조개를 잡는 것은 묻지 않겠으니, 어느 곳을 향해 만천망을 펴며 실그물을 펼친다는 말입니까?

김해 벚꽃 설경을 이루었고
서해 노을 금빛의 장관일세

인산인해 웃음 띤 얼굴들로
서로서로 나누는 말, 꽃이고

마시는 율포의 녹차물
이대로 감로수 맛이로세

## 1050칙 남두가 일곱이요, 북두가 여덟이니라

 본 칙

운문 선사에게 어떤 선승이 물었다.
"어떤 것이 움직임에도 계급에 떨어지지 않는 것입니까?"
운문 선사가 말하였다.
"남두가 일곱이요, 북두가 여덟이니라."

雲門 因僧問 如何轉動則不落堦級 師云 南斗七北斗八

ꩲ 동림총 선사가 상당하여 이 칙을 들고 말하였다.

고금에 헤아림이 어지럽고 어지러워 끝이 없구나. 혹은 "이는 참되지 않음이 없고 옳지 않음이 없다." 하며, 혹은 "탈속한 격조요, 큰 작용의 기개라." 하며, 혹은 "도안(道眼)이 티가 없고, 말없이 뜻을 표했다." 하니 이렇게 왈가왈부 판별함이 묘하기는 묘하나, 누군가가 긍정치 않는 이가 있음을 어쩌랴. 나의 게송을 들어 보라.

남두가 일곱이요 북두가 여덟이라여
6월의 더위에 하늘에서 눈이 내린다
가없는 땅덩이에 티끌이 끊어지니
몇 곳의 고기잡이와 나무꾼이 둥지와 굴을 잃었던가
하하하! 누가 가려낼까?
정명이 입을 다묾이요, 문수의 결단함일세
우습구나! 소양의 영(令)이 엄하기는 하나
달마가 일찍이 누설했음을 어찌하랴
쉴 틈이 없음이여
지난 밤에 진흙뱀이 돌거북이를 물었네

(선상을 치다.)

東林揔 上堂擧此話云 古今商量 紜紜不已 或云 此無不眞 此無不是 或云 脫洒之格 大用之機 或云 道眼 無瑕 表意無說 如斯剖論 妙則 妙矣 爭奈有个人不肯 待與頌出

南斗七北斗八

六月炎天曾下雪

漫漫大地絶纖埃

幾處漁樵失巢穴

阿呵呵誰辨別

淨名杜口文殊決

堪笑韶陽令最嚴

爭奈老胡曾漏泄

無閒歇

昨夜泥蛇咬石鼈

擊禪床

 대원 문재현은 이 칙을 모두 들고나서 이르노라.

어느 날, 객이 문득 "어떤 것이 움직임에도 계급에 떨어지지 않는 것입니까?" 하기에 그때 나는 "방석이 누설하니 문풍지도 따라 나선다." 했는데 운문 선사와 같다 하겠는가, 다르다 하겠는가?

빨리 일러라. 빨리 일러.

## 1051칙 달 속의 기린이 북두를 보느니라

 본 칙

운문 선사에게 어떤 선승이 물었다.
"어떤 것이 불법의 대의입니까?"
운문 선사가 대답하였다.
"달 속의 기린이 북두를 보느니라."

雲門 因僧問 如何是佛法大意 師云 月裏麒麟 看北斗

☁ 동림총 선사 송

남산엔 비요 북산엔 구름이며
하늘엔 가을이요 땅에는 봄일세
눈썹을 치뜨고 분명히 가리려면
달 속의 기린을 보는 것이 좋다 하노라

東林惣 頌
南山下雨北山雲
天上中秋地下春
眨上眉毛辦端的
好於月裏看麒麟

ဢ 심문분 선사 송

세 관문에 한 화살이 온전한 위세를 드러냄이여
한밤중 해가 떠서 바다 밑을 난다
땅을 뒤져 하늘을 건지려는 것이어서 찾아서는 볼 수 없으니
이별한 정자에서 무성한 버들가지만 공연히 구경한다

心聞賁 頌
三關一鏃露全威
夜半金烏海底飛
摸地撈天尋不見
離亭空看柳依依

 대원 문재현은 이 칙을 모두 들고나서 이르노라.

당시 나라면 “어떻게 그렇게 말을 잘 하는가?” 했을 것이다.

# 1052칙 돌아보지도 않음

 본 칙

운문 선사가 말하였다.

"들어 보인 것을 돌아보지도 않는다 해도 곧 어긋나는데, 생각하여 헤아린다면 어느 겁에 깨달으리오."

雲門 云 擧不顧卽差互 擬思量何劫悟

☁ 보녕수 선사가 이 칙을 들고 말하였다.

산승이 들어 마쳤다. 여러분은 깨달았는가? 만일 깨닫지 못했다면 행각하던 안목이 어디에 있으리오.

保寧秀 拈 山僧 擧了也 諸人 還悟也未 若不悟 行脚眼 在什麽處

꩜ 취암열 선사가 법좌에 올라 이 칙을 들고 말하였다.

(불자를 세우고)
지금 들어 마쳤다. 그대들은 어떻게 돌아보겠는가?
(잠잠히 있다가)
망설이며 생각하여 헤아린다면 어느 겁에야 깨달으리오.
(선상을 한 번 치다.)

翠嵒悅 陞座擧此話 乃竪起拂子云 如今擧了也 汝作麽生顧也 良久云 擬思量何劫悟 擊禪床一下

☁ 향산량 선사가 상당하여 이 칙을 들고 말하였다.

산승은 그렇게 하지 않으리라.

머리는 헝클어지고 귀가 우뚝한 세 마리의 원숭이는 나무 위에 앉았고, 벌은 옛날 둥지에 생각이 없는데, 우물 밑의 돌사람은 토끼뿔을 찾는다.

돌!

香山良 上堂擧此話云 山僧 卽不然 頭鬅鬙耳卓朔 三个猢猻 樹上泊 胡蜂 不戀舊時窠 井底石人 尋兎角 咄

ᯅ 불타손 선사가 만참에 이 칙을 들고 말하였다.

운문 선사는 주인 노릇만 할 줄 알고, 손님 노릇은 할 줄 몰랐다. 혜림은 그렇게 하지 않으리니, 들어 보인 것을 돌아보지도 않는 것이 항하의 모래같이 많고, 생각하여 헤아린 것이 길에 깔릴 만큼 흔하다 하리라. 어찌해야 길에 깔리도록 흔함을 이루지 않겠는가?
(잠잠히 있다가)
날씨가 추우니, 각자 돌아가서 쉬는 것만 못하니라.

佛陀遜 晩叅 擧此話云 雲門 祇解作主 且不解作賓 慧林 卽不然 擧不顧河沙數 擬思量成路布 如何得不成路布去 良久云 時寒 不如各自歇去

ᘓ 공수 화상이 상당하여 이 칙에서 "들어 보인 것을 돌아보지도 않는다 해도 곧 어긋난 것이다." 한 것을 들고 말하였다.

(불자를 세우고)
누가 돌아보지도 않는 사람이며, 어디가 곧 어긋난 곳인가?
악!
생각하여 헤아리면 어느 겁에 깨달으리오.
생각하여 헤아리기 전엔 무엇을 깨달을 것인가?
악!
3월의 들꽃은 곳곳마다 피고 9월의 낙엽이 하늘 가득 난다.

空叟和尙 上堂擧 擧不顧卽差互 乃竪起拂子云 誰是不顧者 甚處差互來 喝一喝 擬思量何刧悟 未思量時 悟箇什麽 復喝一喝云 三月野花隨處發 九秋黃葉 滿空飛

 대원 문재현은 이 칙을 모두 듣고나서 이르노라.

험!

# 1053칙 코를 뀁 곳

 본 칙

운문 선사가 수어하였다.

"납자들은 모름지기 코를 뀁 곳이 있어야 비로소 천하의 사람을 알 수 있느니라. 어떤 것이 납자의 코를 뀁 곳인가?"

스스로 대신 대답하였다.

"덕산이니라."

雲門 垂語云 衲僧家 須有巴鼻 方識得天下人 如何是衲僧巴鼻 自代云 德山

☁ 자수 선사 송

운문의 혀 위에 용천검이 있으니
금바늘을 잡아 어두운 곳에서 꿰는 것을 좋아하네
납자의 코 꿸 곳을 알고자 하는가?
한 가닥 붉은 실을 두 사람이 끈다

慈受 頌
雲門舌上有龍泉
愛把金針黑處穿
要會衲僧巴鼻子
一條紅線兩人牽

 대원 문재현은 이 칙을 모두 듣고나서 이르노라.

좋은 일도 없음만 못하다는 말, 운문 선사 같은 이를 두고 한 말이리라.

악!

## 1054칙 어째서 종소리에 칠조가사를 입는가

 본 칙

운문 선사가 공양 때에 종을 치고 대중에게 보이고 말하였다.
"세계가 그렇게 넓거늘 어째서 종소리에 칠조가사를 입는가?"

雲門 因齋鍾鳴 示衆云 世界與麽廣闊 爲什麽 鍾聲 披七條

☁ 운문고 선사 송

종소리에 울다라[46]를 입는가여
눈 푸른 달마도 어찌하질 못하네
한 화살에 독수리 두 마리를 떨어뜨리는 솜씨라 할 것이나
잡고 보면 원래 우리 안의 거위라네

雲門杲 頌
鍾聲披起鬱多羅
碧眼胡兒不奈何
一箭雙鵰隨手落
拈來元是柵中鵝

46) 울다라(鬱多羅) : 칠조가사.

### ∽ 죽암규 선사 송

종소리에 칠조가사를 입음이여
온세계에 비구들이 모습을 감출 수 없다
만일에 빛이나 소리로 보고자 구한다면
가섭 사형은 헛수고를 하였으리

竹庵珪 頌
七條披向鍾聲上
徧界難藏比丘相
若以色見音聲求
迦葉師兄是虛妄

 대원 문재현은 이 칙을 모두 듣고나서 이르노라.

세계가 이렇게 넓다 하는 운문의 그 넓음을
새벽에는 머슴새가 이르더니
낮에는 장닭이 이르더라

# 1055칙 줄탁의 기틀

 본 칙

운문 선사에게 어떤 선승이 물었다.
"어떤 것이 줄탁의 기틀[47]입니까?"
운문 선사가 말하였다.
"메아리니라."

雲門 因僧問 如何是啐啄之機 師云 響

47) 원문의 줄탁(啐啄)은 닭이 알을 깔 때 껍질 속에서 병아리가 우는 것을 줄(啐), 어미닭이 쪼아 깨뜨리는 것을 탁(啄)이라고 한다. 이 두 가지가 동시에 행해져야 한다는 뜻으로 놓쳐서는 안 되는 좋은 시기를 비유한다. 선가에서는 특히 스승과 제자의 선문답이 상응하는 일이다.

### ꩜ 진정문 선사 송

줄탁하는 기틀을 물으니
운문은 메아리라 대답했네
어제 우레가 하늘을 흔들더니
밤 사이 산골물이 불어났네

眞淨文 頌
有問啐啄機
雲門荅云響
昨日雷轟天
夜來山水長

## ∽ 심문분 선사 송

흰 암소가 고양이에게 묻고
허공이 만상에게 대답한다
번개치듯 자취를 남기지 않거늘
빈 골짜기에서 누가 메아리로 답할꼬
줄(啐)한다 하고 탁(啄)한다 함이여
청정한 기틀 손바닥처럼 분명하니
진 때의 도락찬[48]을 돌리는 것이라
혀 위의 갈등이 만 길이나 자랄 뿐일세

心聞賁 頌
白牯問狸奴　　虛空酬萬像
電激不停蹤　　谷虛誰荅響
啐兮啄兮　　淸機歷掌
回頭轆轢範秦時　　舌上葛藤長萬丈

48) 도락찬 : 고대의 T자형의 뚫는 기구. 부식되어서 구멍을 뚫을 수 없게 된 것을 말한다. 들어갈 곳을 찾지 못하는 둔한 사람을 비유한다.

 대원 문재현은 이 칙을 모두 듣고나서 이르노라.

이 사람이 이런 질문을 받았다면 "어떠냐."라고만 했을 것이다.

# 1056칙 주장자 끝에 있다

## 본 칙

운문 선사가 주장자를 들어 대중에게 보이고 말하였다.

"삼세의 부처님이 모두 주장자 끝에 있다."

그때에 어떤 선승이 말하였다.

"화상은 큰 선지식이거늘 어째서 때 아닌 끼니를 먹이려는 것입니까?"

운문 선사가 대답하였다.

"관(官)에는 침 끝도 용납되지 않으나, 사사롭게는 거마도 통하느니라."

雲門 拈柱杖示衆云 三世諸佛 摠在柱杖頭上 時 有僧云 和尙 是大善知識 爲什麽 喫非時食 師云 官不容針 私通車馬

ꩰ 지해일 선사 송

어두운 방에서도 속일 수 없거늘
어찌 총림에 무지한 이 뿐이랴
종문에서 간혹 소양 같은 이가 나타나니
마시고 쪼는 일, 어찌 때에 맞지 않았으랴
때에 맞지 않았다면
인간이나 천상에서 어찌 그를 용납하리오
훔!

智海逸 頌
暗室尙猶不可欺
叢禪安得盡無知
宗門間出韶陽老
飮啄那堪不及時
不及時
人間天上爭容伊
吽

 대원 문재현은 이 칙을 모두 듣고나서 이르노라.

삼세제불과 역대조사와 운문 선사의 이 허물이 누구에게 있느냐?
험!

# 1057칙 어디에 있는가

 본 칙

운문 선사에게 어떤 선승이 물었다.
"생사가 닥쳐오면 어떻게 피하리까?"
운문 선사가 대답하였다.
"어디에 있는가?"

雲門 因僧問 生死到來 如何廻避 師云 在什麽處

### ☁ 원오근 선사 송

눈 작은 고기가 대천세계를 삼키고
초명이란 벌레가 묘고산을 토해낸다
대허가 남김없이 모두를 포괄하듯
만 가지 무리가 몽땅 손아귀에 들어 있다
일어났다 사라지고 갔다가 돌아옴이여
돌다리를 밟아 끊어지니 온몸이 어둡다
화정[49]이 천태인 줄을 어찌 알리오

圓悟勤 頌
針眼魚呑大千界
蟭螟虫吐妙高山
大虛包括無遺漏
萬彙全歸指掌間
起復滅去還來
石橋踏斷通身黑
那知華頂是天台

49) 화정(華頂) : 천태산의 산봉우리.

 대원 문재현은 이 칙을 모두 듣고나서 이르노라.

만약 내게 어떤 이가 "생사가 닥쳐오면 어떻게 피하리까?" 하면 "생사가 닥쳐오면 어떻게 피하겠는가?" 하고 "이것을 대답이라 하겠는가, 반문이라 하겠는가? 빨리 일러라. 빨리 일러."라고 하리라.

# 1058칙 바뀜에 바뀜 없다

 본 칙

운문 선사에게 어떤 선승이 물었다.

"석두의 참동계(叅同契)에 말하기를 '바뀜에 바뀜 없다.' 하였으니 어떤 것이 이 바뀜입니까?"

운문 선사가 판두(板頭)를 가리키며 말하였다.

"판두라고 부를 수 없느니라."

선승이 다시 물었다.

"어떤 것이 바뀜 없는 것입니까?"

운문 선사가 대답하였다.

"이것은 판두니라."

雲門 因僧問 石頭 叅同契云 回互不回互 如何是回互 師指板頭云 不可喚作板頭 僧云 如何是不回互 師云 這箇是板頭

ꩰ 천동각 선사가 이 칙을 들고 말하였다.

석두 선사는 혀에 뼈가 없고, 운문 선사는 눈에 힘줄이 있어 천고가 지난 뒤에까지 명성과 광채를 혁혁하게 드날린다. 지금 손을 맞잡고 같이 걷기를 바란다면 당장 이와 같아야 비로소 이와 같다 할 것도 없음을 알리라. 그런 뒤에야 교섭한 적도 없으리라.

알겠는가? 소년시절엔 용과 뱀의 싸움을 판결도 하였으나 늙음에 이르러서는 도리어 아이들과 함께 노래를 부른다.

天童覺 擧此話云 石頭 舌頭無骨 雲門 眼裏有筋 千古之下 聲光 赫揚 如今 要把手共行 直須伊麽 始解不伊麽 然後 沒交涉 還相委悉麽 少年 曾決龍蛇陣 老倒還同稚子歌

 대원 문재현은 이 칙을 모두 듣고나서 이르노라.

만약 이 자리에서 내가 이런 질문을 받았다면 "삼삼은 구이고, 구구는 팔십이이니라."라고만 하리라.

## 1059칙 오계도 지키지 못하는구나

 본 칙

운문 선사가 어떤 선승에게 물었다.

"어디서 오는가?"

선승이 대답하였다.

"탑에 예배하고 옵니다."

운문 선사가 말하였다.

"나를 놀리느냐?"

"저는 참으로 탑에 예배하고 옵니다."

운문 선사가 말하였다.

"오계도 지키지 못하는구나."

雲門 問僧 什麽處來 僧云 禮塔來 師云 謔我 僧云 某甲 實禮塔來 師云 五戒也不持

ꕥ 보복 선사가 말하였다.

지혜로운 이는 어리석은 이를 꾸짖지 않느니라.

保福 云 智不責愚

ᔕ 분주 선사가 말하였다.

피차 바보같이 굴었구나.

汾州 云 彼此相鈍置

 대원 문재현은 이 칙을 모두 듣고나서 이르노라.

"탑에 예배하고 옵니다." 할 때 운문 선사는 "탑에 예배한 이에게도 오감이 있더냐?" 했어야 했고, "오계도 지키지 못하는구나." 할 때 선승은 "지킴이라면 어찌 오계라 하리까?" 했어야 했다.

험!

## 1060칙 망상을 부리지 말라

 본 칙

운문 선사가 말하였다.

"화상들아, 망상을 부리지 말라. 산은 산이요, 물은 물이며, 중은 중이요, 속인은 속인이니라."

운문 선사가 말없이 보이고 말하였다.

"내게로 안산(案山, 맞은편 산)을 갖다 달라."

이때 어떤 선승이 물었다.

"학인이 산은 산으로 보고, 물은 물로 볼 때가 어떠합니까?"

운문 선사가 말하였다.

"삼문(三門)이 어째서 이쪽으로 지나가는가?"

선승이 말하였다.

"그러한 즉 망상하지 않겠습니다."

운문 선사가 말하였다.

"내 화두를 돌려다오."

雲門 道 和尙子 莫妄想 山是山水是水 僧是僧俗是俗 良久云 與我拈案山來看 時有僧 問 學人 見山是山 見水是水時如何 師云 三門爲什麽 從這裏過 進云 恁麽則不妄想去也 師云 還我話頭來

ᢳ 장산전 선사 송

삼문이 어째서 이쪽으로 지나가는가 함이여
전혀 기교를 쓴 적 없다네
옷을 입어야 비로소 추위를 면하고
밥을 이야기하기만 해서는 끝내 배부를 수 없다
가는 길이 험난하다, 가는 길이 험난하다지만
누가 말했던가 평지에 파도를 일으킴이라고

蔣山泉 頌
三門者裏過
全不用機巧
着衣方免寒
說食終不飽
行路難行路難
孰云平地起波瀾

ᨒ 원오근 선사가 상당하여 이 칙을 들고 말하였다.

땅이 산을 받친 것 같고, 돌이 옥을 품은 것 같다. 지나갔다는 것을 꿰뚫은 이는 모두가 무진장 속에 있게 되겠지만, 지나갔다는 것을 꿰뚫지 못한 이는 헤아리는 것을 면할 수 없으리라.

다만 운문 선사가

(손으로 한 획을 긋고)

무엇 때문에 불전(佛殿)이 이리로 지나갔다 했겠는가?

어째서인가?

한 잎이 떨어짐에 천하가 가을임을 아느니라.

圓悟勤 上堂擧此話云 似地擎山 如石含玉 透得過者 盡在無盡藏中 透不過者 未免博量 只如雲門 以手 劃一劃云 佛殿 因甚麼 從者裏去 又且如何 一葉落 知天下秋

☁ 원오근 선사가 소참법문 때 다시 이 칙을 들고 말하였다.

이를 일러서 본체를 보면 전부가 참되다고 한 것이다. 다만 이러한 곳에서 얻었다거나 잃었다거나 알았다는 것이 있겠는가.

분명히 실다움을 논하고 헛됨을 논하지 않아 곧바로 고양이와 흰 암소[50]와 같고 곧바로 마른 나무와 썩은 등걸 같아서 숨기운이 끊어져 어리석은 듯, 눈 먼 듯, 어두운 듯하면 천 부처님이 나타나더라도 그를 알지 못한다. 눈으로 부처님을 바라봐도 마치 노란 잎을 보는 것 같아야, 비로소 무쇠를 부어 이룬 사람이라, 천만 사람도 그를 그물에 옭아맬 수 없는 것이다.

일구도리란 것까지 초월함을 무어라 이르겠는가?

무심을 도라 이르지도 말라. 무심이라 하여도 여전히 한 겹의 관문이 막혔느니라.

又小叅 擧此話云 此謂之覰體全眞 只如伊麽處 還容人作得失解會麽 酌然 論實不論虛 直得如狸奴白牯相似 直得如枯木朽株 絶氣息憨憨癡癡矇矇瞳瞳 千佛 出世 他也不知 目覩瞿曇 如黃葉相似 方始是生鐵鑄就 千人萬人 羅籠他不住 只如獨脫一句 作麽生道 莫謂無心云是道 無心 猶隔一重關

50) 조산 선사의 법문 중 '삼세제불은 일승을 모르지만 고양이와 흰 암소는 도리어 안다.'라는 말이 있다.

 대원 문재현은 이 칙을 모두 들고나서 이르노라.

평지에 풍파를 일으킨다는 말이 있더니, 과연 과연이로다.

일주문 사천왕문 불이문이
범어사 상춘객을 맞이하고
노승은 양지에서 미소짓네

## 1061칙 다섯 개입니다

 본 칙

운문 선사가 어느 날, 큰방 앞에서 직세가 호떡을 먹는 것을 보고 물었다.

"몇 개나 먹는가?"

직세가 대답하였다.

"다섯 개입니다."

운문 선사가 다시 물었다.

"노주[51)]는 몇 개나 먹는가?"

직세가 말하였다.

"화상은 찻방에 가셔서 차나 드십시오."

운문 선사가 방장으로 돌아갔다.

雲門 一日 在僧堂前 見直歲喫餬餠次 乃問 喫得幾箇 歲云 五箇 師云 露柱 喫得幾箇 歲云 請和尙 茶堂裏喫茶去 師便歸方丈

51) 노주(露柱) : 뜰에 장엄으로 세운 돌기둥.

ꕥ 투자청 선사 송

무심한 듯 물어봄이여
평생의 일을 저버리지 않고 모두 털어놓았네
힘을 다해 남을 위하려면 철저해야 하니
차 맛이 사람의 시름을 풀어줌을 비로소 알리라

投子青 頌
等閑垂借問端由
不負平生盡吐酬
竭力爲人須是徹
方知茶味解人愁

ර 지해일 선사 송

소양의 문하에 현명한 이 많다더니
직세의 재주도 총명하고 영특했네
운취당 앞의 울퉁불퉁한 곳을
아무런 수고 없이 일제히 평정했네

智海逸 頌
韶陽門下足賢明
直歲之才又哲英
雲萃堂前凹凸處
不勞心力一齊平

∽ 지해일 선사가 다시 상당하여 이 칙을 들고 말하였다.

운문 노선사는 물에 들게 함으로 큰 사람을 보려 했고, 직세 명공(明公)은 일을 마친 이로서 천하에 제일이로다.

又上堂擧此話云 雲門禪老 入水 要見長人 直歲明公 了事寰中第一

 대원 문재현은 이 칙을 모두 들고나서 이르노라.

당시 내게 그와 같이 물었다면 직세같이 하지 않으리라. 떡 하나를 재빨리 입에 넣으면서 "몇 개라 하겠습니까?" 해서 운문 선사로 하여금 할 말을 얻지 못해 전전긍긍하게 했을 것이다.

험!

# 1062칙 삼백 개입니다

 본 칙

운문 선사가 직세에게 물었다.

"오늘 어디를 갔다 왔느냐?"

직세가 대답하였다.

"띠를 베고 왔습니다."

운문 선사가 다시 물었다.

"몇 명의 조사를 베었느냐?"

"삼백 개입니다."

이에 운문 선사가 말하였다.

"아침에 삼천 방망이 저녁에 팔백 방망이를 때려야 되겠구나. 동쪽 집에는 표주박 자루가 길고, 서쪽 집에는 표주박 자루가 짧으니, 어찌하겠는가?"

직세가 말이 없자, 운문 선사가 때렸다.

雲門 問直歲 今日什麽處去來 歲云 刈茅來 師云 刈得幾箇祖師 歲

云 三百箇 師云 朝打三千 暮打八百 東家 杓柄長 西家 杓柄短 作麽生 歲無語 師便打

☁ 보녕수 선사가 이 칙에서 선승이 말이 없었다는 것까지 들고 착어하였다.

조사를 웃겨주는구나.
(또 말하기를)
짚신 뒤축이 끊어졌도다.

保寧秀 擧此話 至僧無語 師着語云 笑殺祖師 又云 草鞋跟斷

☁ 대위철 선사가 이 칙을 들고 말하였다.

직세가 대중을 위해 힘을 다했는데 운문 선사의 앞에 와서는 힘도 정신도 다 지쳤구나. 무슨 까닭인가?

바둑은 좋은 적수를 만나면 수를 감추기가 어렵고, 물은 바다에 이르러야 비로소 파도가 이느니라.

大潙喆 拈 直歳爲衆竭力 到雲門面前 乃力盡神疲 何故 碁逢敵手難藏行 水到滄溟始是波

☁ 운문고 선사가 상당하여 이 칙을 들고 말하였다.

직세가 말이 없었던 것은 자연히 삼백 명의 조사가 증명을 해주고 있고, 운문 선사는 비록 법령을 시행했으나 아직 방망이 끝에 눈이 없다 하겠다.

雲門杲 上堂擧此話云 直歲無語 自有三百箇祖師證明 雲門 令雖行要且棒頭無眼

 대원 문재현은 이 칙을 모두 듣고나서 이르노라.

“몇 명의 조사를 베었느냐?” 할 때

“모두라 해도 웃기는 일입니다.” 했어야 했다.

험!

# 1063칙 깨달아 들어갈 곳

## 본 칙

운문 선사가 대중에게 보이고 말하였다.

"그대들이 만일 바로 깨닫지 못하였고 그래서 들어갈 곳을 찾는다면 '티끌 수효같이 많은 부처님들이 그대의 혀 위에 있고, 삼장의 거룩한 가르침이 그대들의 발꿈치 밑에 있다.'라고 하리니, 스스로 깨닫는 것이 좋으리라. 누가 깨달았는가? 있거든 나와서 대중 앞에서 일러보라."

雲門 示衆云 你若不相當 且覓箇入頭處 微塵諸佛 在你舌頭上 三藏聖教 在你脚跟底 不如悟去好 還有人 悟得麽 出來對衆道看

ↀ 설두현 선사가 이 칙을 들고 말하였다.

그러한 즉 자식을 기르는 인연이라 하겠으나 양반을 억압해 상놈이라 했으니 어찌하랴. 그 사이에 홀연히 달게 여기지 않는 이가 나와서 선상을 흔들어 쓰러뜨렸더라면 그 어찌 대장부가 아니었겠는가. 그러나 다시 묻노니 무엇에 의거하였는가?
(주장자를 번쩍 들어 세우고)
하마터면 죄수를 가두어 지혜가 자라게 할 뻔하였구나.
(선상을 한 번 치다.)

雪竇顯 拈 然則養子之緣 爭奈壓良爲賤 其間 忽有不甘底出 掀倒禪床 豈不是大丈夫漢 然雖如此 且問 據箇甚麽 師驀拈起柱杖云 洎合停囚長智 擊禪床一下

ꔉ 원오근 선사가 이 칙을 들고 말하였다.

숭녕은 흙 위에 진흙을 보태는 격으로 감히 말하노니, 곧바로 위산의 검은 암소가 동해의 잉어를 떠받아 죽이고, 섬부의 무쇠소가 가주의 큰 상(像)을 삼켰다 하리라.

圓悟勤 拈 崇寧 土上加泥 敢道直得潙山水牯 觸殺東海鯉魚 陝府鐵牛 呑却嘉州大像

ꩠ 송원 선사가 상당하여 운문 선사가 이른 것을 들고 말하였다.

"만일 진실로 깨달아 들어갈 곳을 얻지 못했다면 삼세의 부처님이 그대들의 발꿈치 밑에 있고, 일대장교가 그대들의 입술 위에 있다."라고 했으니, 분별하는 곳을 향해 알아보라.

운문 대사가 비록 착한 인연을 지어 나쁜 결과는 받지 않을 것이라 하나, 천복은 감히 이르노라.

"등롱이 불전을 삼키고 지렁이가 쏜살같이 요동을 지났다."라고 할 것이나, 말〔馬〕이 공연히 천 리에 바람 쫓을 일도 없다.

악!

松源 上堂擧 雲門大師道 若實未得个入頭處 三世諸佛在你脚跟下 一大藏教 在你口唇皮上 且向葛藤處會取 師云 雲門大師 雖是善因 未必招於惡果 薦福 敢道燈籠 呑却佛殿 蚯蚓 驀過遼東 馬無千里謾追風 喝一喝

 대원 문재현은 이 칙을 모두 들고나서 이르노라.

홍학은 하늘 높이 날아가고
뱁새는 땅 스치듯 나는데
두더지는 땅 속을 달리누나

## 1064칙 어째서 내 손 안에 있는가

 본 칙

운문 선사가 어떤 선승에게 물었다.

"그대는 어느 곳 사람인가?"

선승이 대답하였다.

"신라의 사람입니다."

운문 선사가 다시 물었다.

"무엇으로 바다를 건넜는가?"

선승이 대답하였다.

"좀도적이 크게 패망하였군요."

운문 선사가 다시 물었다.

"어째서 내 손 안에 있는가?"

"딱 맞군요."

(설두 선사가 특별히 말하였다. "허허.")

이에 운문 선사가 말하였다.

"마음대로 뛰어보라."

선승이 대답이 없자, 운문 선사가 그만두었다.

雲門 問僧 汝是甚處人 云新羅人 師云 將什麽過海 云草賊大敗 師云 爲什麽在我手裏 云恰是(雪竇顯別云 噓噓) 師云 一任踍跳 僧 無對 師休去

◌ 법진일 선사 송

신라의 납자여, 드문 만남일세
풍월을 물어보니 여전히 한 가지구려
애석하다, 산을 만들 때에 한 삼태기를 다투듯 함이여
손과 주인 헛수고만 하고 공은 없구나

法眞一 頌
新羅衲子罕曾逢
風月詢來也略同
可惜爲山爭一簣
徒勞賓主各無功

ꕥ 설두현 선사가 이 칙을 들고 말하였다.

운문 노인이 용의 머리, 뱀의 꼬리가 되어서 그 선승을 놓쳤다. '어째서 내 손 안에 있는가?'라고 해서 딱 맞다고 할 때 등줄기를 때렸어야 했다.

雪竇顯 擧此話云 雲門老漢 龍頭蛇尾 放過這僧 爲什麽在我手裏 恰是 劈脊便打

ᔓ 법진일 선사가 이 칙을 들고 말하였다.

서로서로가 밝지 못했다. 운문 선사가 "마음대로 뛰어보라." 한 데에서 그 선승을 대신한다면 선상을 흔들어 쓰러뜨렸으리라.

그 선승이 말이 없던 곳에서 운문 선사를 대신한다면 "하늘을 치솟는 매인 줄 알았더니, 원래 죽은 물속의 두꺼비였구나." 하고는 곧장 때렸으리라.

法眞一 拈 彼彼不了 雲門云 一任跨跳 代僧 便好與掀倒禪床 者僧無語處 代雲門云 將謂是鑽天鷂子 元來是死水裏蝦蟆 便打

ꕀ 위산철 선사가 이 칙을 들고, 이어 설두 선사가 이 칙을 들어 말한 것을 들고 말하였다.

운문 선사와 설두는 걸음마다 높이 오를 줄만 알았다. 대위는 그렇게 하지 않으리니 "어째서 내 손 안에 있는가?" 해서 "딱 맞군요." 하거든 껄껄대고 크게 웃고 "살인도, 활인검이라 함을 보지 못했던가?" 하리라.

潙山喆 擧此話 連擧雪竇拈 師云 雲門雪竇 只知步步登高 大潙 卽不然 爲什麽在我手裏 恰是 便乃呵呵大笑 不見道 殺人刀活人劍

 대원 문재현은 이 칙을 모두 들고나서 이르노라.

"어째서 내 손 안에 있는가?" 할 때 신라승은 "어디가 밖이던가요?" 했어야 했다.

쇠뱀은 혀로써 새끼꼬고
돌범은 강 속에서 불 밝히고
옥룡은 창공에서 노래한다

## 1065칙 위로는 하늘을 볼 수 없고

 본 칙

운문 선사가 말하였다.
"위로는 하늘을 볼 수 없고, 아래로는 땅을 볼 수 없다. 목구멍이 막혔으니 어디로 숨을 쉴꼬?
나를 웃게 하는 이는 많고, 나를 비웃는 이는 적다."

雲門 云 上不見天 下不見地 塞却咽喉 何處出氣 笑我者多 哂我者少

ꩰ 천의회 선사가 상당하여 이 칙을 들고 말하였다.

운문 선사의 그런 말이 기교를 부리다가 도리어 졸렬해진 격인 줄 알지 못했구나.

산승은 그렇게 하지 않으리니 "얼굴을 들어 하늘을 보고, 고개를 숙여 땅을 본다. 입으론 밥을 먹고, 코로는 숨을 쉰다. 마음에 사람을 저버림이 없으면 얼굴에 부끄러운 빛이 없느니라." 하리라.

天衣懷 上堂擧此話云 雲門與麼道 不覺弄巧成拙 山僧 卽不然 仰面看天 低頭覰地 口裏喫飯 鼻孔出氣 心不負人 面無慚色

 대원 문재현은 이 칙을 모두 듣고나서 이르노라.

속담에 할아비가 손자를 사랑하다 오지랖을 버린다더니 운문 선사가 자비를 베풀다 시궁창에 빠지는 줄 몰랐구나.

엎드려서 하늘의 구름 보고
우러러서 땅에 구른 잎을 보라
운문의 자비, 허물 알 것일세

## 1066칙 석가노인

 본 칙

운문 선사가 말하였다.

"석가노인이 제석천왕과 집 안에서 불법을 서로 다투니, 정말 시끄럽구나."

雲門 云 釋迦老子 與天帝釋 在中庭 相爭佛法 正鬧

ↀ 운문고 선사가 상당하여 이 칙을 들고 말하였다.

저 노장을 서른 방망이 때려주어야 되겠다. 말해보라. 허물이 어디에 있는가? 사람을 무고한 죄는 죄를 더해야 하느니라.

雲門杲 上堂擧此話云 者老漢 好與三十拄杖 且道 過在什麽處 誣人之罪 以罪加之

ര 송원 선사가 상당하여 이 칙을 들고 말하였다.

운문 선사는 마치 솜씨 좋은 며느리가 무심하게 밀가루 없는 수제비를 만들어낸 것 같도다. 그러나 사람마다 조금도 얻을 것이 없느니라.

松源 上堂擧此話云 雲門 大似巧媳婦 等閑做出無麪飥飥 雖然如是 人人 也少一分 不得

 대원 문재현은 이 칙을 모두 들고나서 이르노라.

(법상에 올라 앉아 주장자를 들어 올렸다가 법상을 내리치고 자리에서 일어나 방으로 돌아가다.)

# 1067칙 집집마다 관세음이니라

## 본 칙

운문 선사에게 어떤 선승이 물었다.
"우두(牛頭)가 사조를 보기 전엔 어떠하였습니까?"
운문 선사가 대답하였다.
"집집마다 관세음이니라."
다시 물었다.
"본 뒤엔 어떠합니까?"
운문 선사가 대답하였다.
"불 속의 지네가 범을 잡아먹었느니라."

雲門 因僧問 牛頭未見四祖時如何 師云 家家觀世音 進云 見後如何 師云 火裏蝍蟟吞大蟲

### ☁ 진정문 선사 송

진 때의 도락찬이 뚫어 머리마다 통했으니
큰 보시의 문, 활짝 열려 묘함이 다함 없네
불 속의 지네가 여전히 살았으니
집어 듦에 자유자재한 영웅임을 누가 알리

眞淨文 頌
秦時轅轢鑽頭通
大施門開妙莫窮
火裏蝍蟟依舊活
拈來誰解恣英雄

ᔕ 진정문 선사가 다시 송하였다.

불 속의 지네가 범을 삼킴이여
작년은 금년처럼 궁색하지 않았다
곧바로 풍토병 기운을 발한다면
눈〔雪〕 덮인 복사꽃 곳곳에 붉다 하리

又頌
火裏蝍蟟呑大蟲
去年不似今年窮
直得黃茅瘴氣發
雪壓桃花處處紅

 대원 문재현은 이 칙을 모두 듣고나서 이르노라.

뵙기 전에는 예의가 있고, 뵌 후에는 예의가 없다.
퇴보라 하겠는가, 발전이라 하겠는가?

학은 날고 고슴도치는 긴다.
험.
험.

# 가슴으로 부르는 불심의 노래

대원 문재현 선사님 작사

여기에 실린 것들은 모두 대원 문재현 선사님께서 직접 작사하신 곡들이다.

수행의 길로 들어서게끔 신심, 발심을 북돋아주는 곡으로부터 수행의 길로 접어든 이의 구도의 몸부림이 담겨있는 곡, 대승의 원력을 발해서 교화하는 보살의 자비심과 함께 낙원세계를 누리는 풍류를 그려놓은 곡까지 가사 한마디, 한마디가 생생하여 그 뜻이 뼛속 깊이 새겨지고 그 멋에 흠뻑 취하게 된다.

대원 문재현 선사님께서는 거칠고 말초적인 요즘의 노래를 듣고 이러한 정서를 순화시키고자, 또한 수행의 마음을 진작시키고자 하는 뜻에서 이 곡들을 작사하셨다.

# 서 원 가

작사 문재현
작곡 배신영
노래 홍노경

느리게

**A**

**B**

참 나 를 깨 달 아 서 보 림 을 하 고 다 가 올 내 앞 날 의
보 살 의 가 는 길 이 험 난 타 해 도 맹 세 코 초 지 일 관
중 생 이 끝 이 없 다 말 들 을 해 도 보 현 의 만 행 다 해

서 원 이 라 네 기 어 코 육 바 라 밀 성 취 를 하 여 –
서 원 이 라 네 구 류 를 그 릇 따 라 깨 닫 게 하 여 –
제 도 를 하 여 유 정 과 무 정 모 두 다 한 그 날 이 –

불 보 살 님 큰 은 – 혜 – 에 보 – 답 하 – 면 서
스 승 님 의 큰 은 – 혜 – 에 보 – 답 하 – 면 서
삼 보 님 의 큰 은 – 혜 – 를 갚 – 는 날 – 이 니

영 원 히 구 제 의 길 나 는 – 가 리 – 라
영 원 히 구 제 의 길 나 는 – 가 리 – 라
영 원 히 구 제 의 길 나 는 – 가 리 – 라

Fine

# 반조 염불가

작사 문재현
작곡 배신영
노래 홍노경

느리게

# 소중한 삶

작사 문재현
작곡 배신영
노래 홍노경

(모데라토) ♩= 100

# 석가모니불

작사 문재현
작곡 배신영
노래 홍노경

국악가요

# 맹서의 노래

작사 문재현
작곡 배신영
노래 홍노경

느리게

절절

한 사연들로 부르는 관음 보-살- 다시

는 다시는 맹서 하는- 관-음 보 -살 광명

의 삶- 영원한 삶으로- 오 는 날 들 - 님

과 같- 기 서 원 합 - 니 다 -

업 연의 사연 들 - 로 부 - 르는- 관음 보살- 다시

는 다 - 시 는 맹 - 서 하 - 는 -

관 음 - 보 살 베 품 의 삶 - 구 제 의 삶 으 로 오 는 날 들 -

님 과 같 기 서 원 합 니 다 - 광 명

삶 으 로 오 는 날 - 들 님 과 같 기 서 원 합 니 다 -

Freely

# 염원의 노래

작사 문재현
작곡 배신영
노래 홍노경

느리게

# 음성공양

작사 문재현
작곡 배신영
노래 홍노경

# 발 심 가

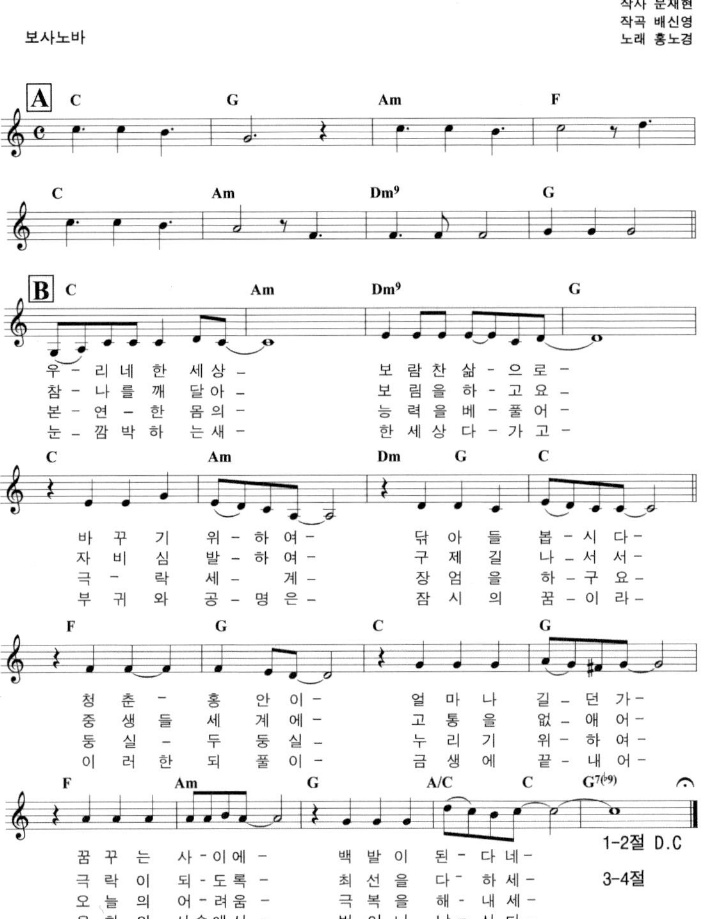
작사 문재현
작곡 배신영
노래 홍노경
보사노바
A
B
우 - 리 네 한 세 상 - 보 람 찬 삶 - 으 로 -
참 - 나 를 깨 달 아 - 보 림 을 하 - 고 요 -
본 - 연 - 한 몸 의 - 능 력 을 베 - 풀 어 -
눈 - 깜 박 하 는 새 - 한 세 상 다 - 가 고 -
바 꾸 기 위 - 하 여 - 닦 아 들 봅 - 시 다 -
자 비 심 발 - 하 여 - 구 제 길 나 - 서 서 -
극 - 락 세 - 계 - 장 엄 을 하 - 구 요 -
부 귀 와 공 - 명 은 - 잠 시 의 꿈 - 이 라 -
청 춘 - 홍 안 이 - 얼 마 나 길 - 던 가 -
중 생 들 세 계 에 - 고 통 을 없 - 애 어 -
둥 실 - 두 둥 실 - 누 리 기 위 - 하 여 -
이 러 한 되 풀 이 - 금 생 에 끝 - 내 어 -
꿈 꾸 는 사 - 이 에 - 백 발 이 된 - 다 네 -
극 락 이 되 - 도 록 - 최 선 을 다 - 하 세 -
오 늘 의 어 - 려 움 - 극 복 을 해 - 내 세 -
윤 회 의 사 슬 에 서 - 벗 어 나 납 - 시 다 -
1-2절 D.C
3-4절

# 자비의 품

작사 문재현
작곡 배신영
노래 홍노경
느리게
A
Em Am D G
C Am F#7(♭5) B7
대
대
B
Em Am D G
자 대비 보 살 의 사 랑 알 지 못 하 고 –
자 대비 보 살 의 사 랑 자 비 의 품 을 –
C Am F#7(♭5) Cmaj7 B7
외 면 한 저 중생 들 을 – 그 래 도 가 – 엾 어 –
떠 나 간 저 중생 들 을 – 저 리 도 애 – 타 게 –
Em C B7 Em
잊 – 지 못 하 는 그 진 한 – 마 음 모 른
부 르 고 부 르 는 절 절 한 – 마 음 새 기
Am G Em
체 하 고 – 업 따 라 갈 수 가 있 – 나 – 아 – 아 하 늘 땅
고 새 기 면 – 업 따 라 갈 수 가 있 – 나 – 아 – 아 하 늘 땅
B7 Em Am D7 G
사 이 – 다 시 또 없 는 자 비 의 품 에 – 어 서 돌 아 와
사 이 – 다 시 또 없 는 자 비 의 품 에 – 어 서 돌 아 와
C B7 G B7 Em
감 로 수 에 소 – 원 이 루 – 라 –
Fine
감 로 수 에 소 – 원 이 루 – 라 –

# 부처님 은혜 1

작사 문재현
작곡 배신영
노래 홍노경

느리게

# 보살의 마음

작사 문재현
작곡 배신영
노래 홍노경

느리게

# 이 생에 해야 할일

작사 문재현
작곡 배신영
노래 홍노경

Trot Disco ♩= 140

# 구도의 목표

작사 문재현
작곡 배신영
노래 홍노경

느리게

# 님은 아시리

작사 문재현
작곡 배신영
노래 홍노경

Moderato ♩= 100

A

B

사계 절의- 풍광 인들- 위 로- 되 -겠 -니
같이- 되지 않아- 기 도- 에 -젖 -은

- 서사 시의- 음률 인들- 쉬 -어 지 -겠 -니- 뜻과
이

마 음- 님 -은- 아- 시 -리-

한 세 상 열
청 춘 의 모

정 쏟 -아 닦는 수 행 길- 불 보 살 님 출 현 하 셔 베
든 욕 -망 사 뤄 버 리 고- 회 광 반 조 촌 각 아 낀 열

푼 자 -비 -에 - 모 든 망 상- 모 - 든 번-
정 쏟 -아 -서 - 이 룬 선 정- 그 - 효 력-

뇌 없었으 면 좋으련 만 마 음 대 로- 안 되 는게 - 수 행 이 더
이 있었으 면 좋으련 만 마 음 대 로- 안 되 는게 - 보 림 이 더

라 수행이 더 라 - 마음대 로- 안 되는게- 수행이 더 라 수 행 이 더 라 -
라 보림이 더 라 -

D.S. al Coda

Fine

# 부처님 은혜 2

작사 문재현
작곡 배신영
노래 홍노경

# 성중성인 오셨네

(초파일노래)

작사 문재현
작곡 배신영
노래 홍노경

Swing

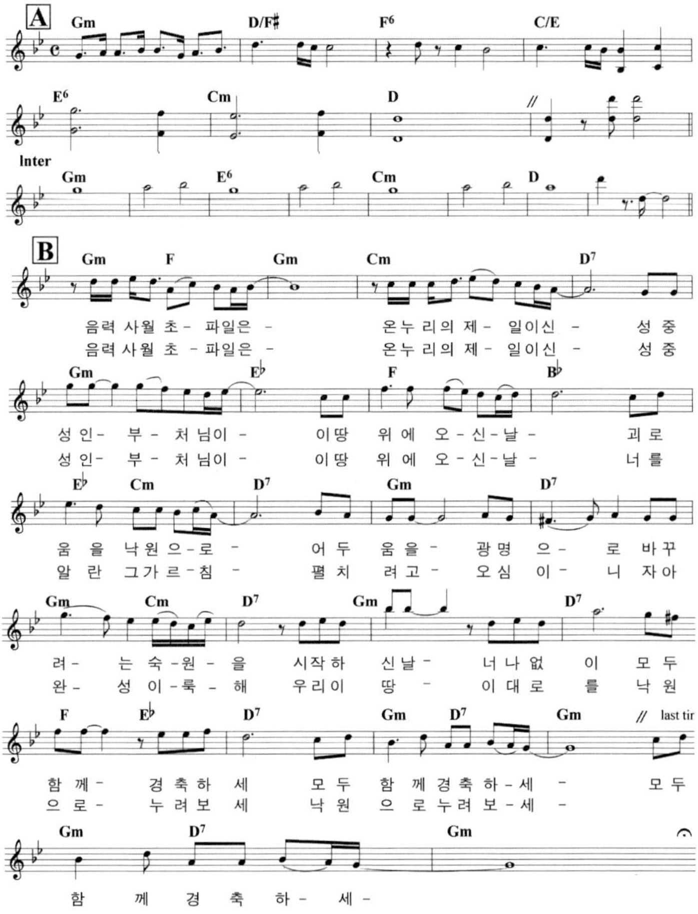
A
Gm D/F♯ F6 C/E
E6 Cm D
Inter
Gm E6 Cm D
B
Gm F Gm Cm D7
음력 사월 초- 파일은 - 온누리의 제- 일이신 - 성 중
음력 사월 초 -파일은 - 온누리의 제- 일이신 - 성 중
Gm E♭ F B♭
성 인- 부 - 처 님이 - 이땅 위 에 오-신-날- 괴 로
성 인- 부 - 처 님이 - 이땅 위 에 오-신-날- 너 를
E♭ Cm D7 Gm D7
움 을 낙원 으-로 - 어 두 움 을- 광 명 으- 로 바 꾸
알 란 그 가 르-침 - 펼 치 려 고- 오 심 이- 니 자 아
Gm Cm D7 Gm D7
려- 는 숙 -원- 을 시작하 신 날- 너 나 없 이 모 두
완 - 성 이 -룩 - 해 우 리 이 땅 - 이 대 로 를 낙 원
F E♭ D7 Gm D7 Gm
함 께- 경 축 하 세 모 두 함 께 경 축 하 - 세 - 모 두
으 로- 누 려 보 세 낙 원 으 로 누 려 보 - 세 -
Gm D7 Gm
함 께 경 축 하- 세-

# 내 문제는 내가 풀자

작사 문재현
작곡 배신영
노래 홍노경

조금빠르게

# 즐거운 밤

작사 문재현
작곡 배신영
노래 홍노경

Trot Disco ♩= 145

# 관 음 가

작사 문재현
작곡 배신영
노래 홍노경

조금빠르게 ♩= 130

# 부 처 님

작사 문재현
작곡 배신영
노래 채연희

Slow GoGo ♩= 80

# 열반재일

작사 문재현
작곡 배신영
노래 채연회
Slow GoGo ♩= 86
A
Am G Am Dm E7
Am G/B C Dm Esus4 E
B
Am G Am Dm E7
인 연 다함ㅡ 아 시 기 에ㅡ 구 제 방편ㅡ 거두시 어ㅡ
대 자 대비ㅡ 거 룩 하 신ㅡ 가 르 치심ㅡ 이세상 에ㅡ
Am G Am Dm E7
열 반 드신ㅡ 그 자 재는ㅡ 그 누 구가ㅡ 훌내인 들ㅡ
길 이 길 아ㅡ 펼 쳐 져 서ㅡ 그 언 젠가ㅡ 이고해 가ㅡ
E7/G♯ Am G Dm Am
내 오 리 까ㅡ 오 고 감 을 뜻 대 로 한
낙 원 으 로ㅡ 되 는날 을 믿 는 마 음
G C E7 Am Dm
거ㅡ 룩 함 에 정 례 합 니 다 정
우ㅡ 러 러 서 정 례 합 니 다 정
E Am
례 합 - 니 다 -
례 합 - 니 다 -
Fine

# 성도재일

작사 문재현
작곡 배신영
노래 채연희

Slow GoGo ♩= 78

# 석굴암의 노래

작사 문재현
작곡 배신영
노래 채연희

# 님의 모습

작사 문재현
작곡 배신영
노래 채연희

Slow Waltz ♩= 82

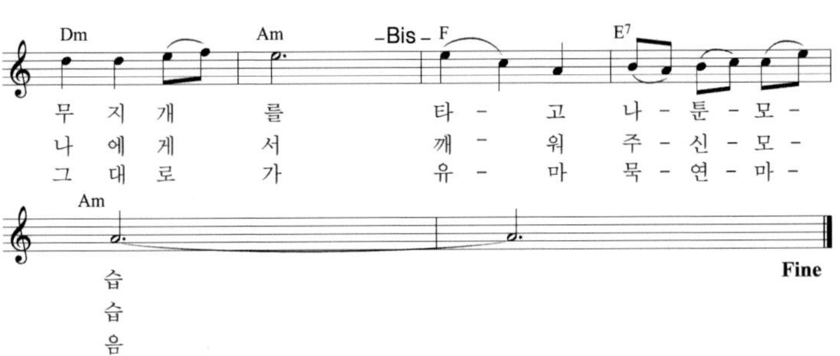
Dm
Am
-Bis-
F
E7
무 지 개 를 타 - 고 나 - 툰 - 모 -
나 에 게 서 깨 - 워 주 - 신 - 모 -
그 대 로 가 유 - 마 묵 - 연 - 마 -
Am
습
습
음
Fine

# 믿고 따르세

작사 문재현
작곡 배신영
노래 채연희
Dsico (double beat) ♩= 136
A
B
F Dm Gm C F Dm Gm G F
고 - 해 일 - 러 낙 원 이 라 한 불 보 - 살 님 그 - 말 씀 의
참 - 나 깨 - 친 밝 은 지 혜 로 선 행 - 닦 아 사 - 상 없 는
B♭ F F Dm
진 실 한 경 지 알 려 - 거 든 보 고 듣 는 그 곳 향 해
일 상 의 생 활 이 루 - 는 날 고 해 일 러 낙 원 이 란
Gm C Dm C
명 - 상 하 - 게 명 상 - 으 로 분 - 별
말 - 씀 의 - 뜻 내 - 뜻 - 되 - 어
E C F Dm
망 상 없 - 어 지 고 고 요 로 움 극 해 지 면
큰 웃 음 을 - 껄 껄 짓 고 대 장 부 로 삼 계 구 할
Gm C F
불 멸 의 나 깨 - 치 네
서 원 세 워 행 - 하 리
Fine

# 신명을 다하리

작사 문재현
작곡 배신영
노래 채연희

Slow ♩= 64 국악가요

A Dm A5 Gm7 A7 Gm Asus7

B Dm7 A7/C# 사바세계- 사 - 는 그게

F/C G/B C Dm7 A7 죄 를짓는바탕이라 크 나큰- 자 비 로- 써

Dm A7 Dm7 A7 이끄시 는 가르 침에 신 명다해 - 따 름으로

F C A7 Dm 두 텁-다는-업녹으 면 무명 깨고 자성 밝혀 큰웃

Gm Dm Gm7 음 을 지으 리-니 그-날- 에 가

Dm F Dm Dm Am 르치신 큰은혜 를 갚-으 리 라 음 어 떤-

Dm E Asus4 A Dm 고 난 있-다해 도 큰-의 지 로- 극복해서 온 누

Gm A7 Dm C C 6BAR 리 를- 정토의낙원 으로 이루- 리 라 그-날- D.S.

Dm A7 Dm C6/D

코러스

Dm A7 Dm C6/D 음 - 음 -

# 부처님께 바치는 노래

작사 문재현
작곡 배신영
노래 채연희
Slow ♩= 78
A
Dm Bb Gm Em7(b5) A7
Bb F/A Gm7 Asus4 A
B
Dm F Em7(b5) A7 Dm
늘 새롭게 태어남으로 누리는
늘 새롭게 태어남으로 오늘도
A7 A7sus Dm A7
삶을 깨닫게 이끌어- 주신 부처님 어-
또한 내일도 함없는- 함의 즐거움 어-
Gm Dm F Em7(b5) A7
찌 감사함으로 만족하리까
찌 누림으로만 만족하리까
Dm Gm Em7(b5) Asus4 A
부 처님처럼 관세음- 처럼 닦고 이루고갖추어 서 베
부 처님처럼 관세음- 처럼 그리 되도록 최선다 해 구
Gm Dm Bb A7
풂-으로- 구제 하는맘 구류가 다한날까 지
류-들을- 구제 해내는 대자비의무장으로 써
Dm C/E F Gm Dm
최 선다함만이 크나큰은-혜 갚음이라 영원 히 신-
신 명다함만이 크나큰은-혜 갚음이라 부처 님 전-
A7 Dm Dm
명 다 할 겁 - 니 다
에 합 장 합 - 니 다
Fine

# 감사합니다

작사 문재현
작곡 배신영
노래 채연희

# 교 화 가

작사 문재현
작곡 배신영
노래 채연희
Slow Waltz ♩= 82
A
Dm A/C♯ C6 G/B
B♭ Gm7 Asus4 A
B
Dm A Dm
주 장 자 떨 쳐 메 고 –
주 장 자 떨 쳐 메 고 –
주 장 자 떨 쳐 메 고 –
Dm A
방 랑 삼 – 천 계 –
방 랑 삼 – 천 계 –
방 랑 삼 – 천 계 –
Dm F A
흰 구 름 뜬 고 개 – 넘 어
흰 구 름 뜬 고 개 – 넘 어
흰 구 름 뜬 고 개 – 넘 어
Dm A/C♯ Dm
오 신 님 이 누 – 구 뇨 –
오 신 님 이 누 – 구 뇨 –
오 신 님 이 누 – 구 뇨 –
Gm F Dm D/F♯ Gm
사 바 세 계 중 생 들 을
구 류 중 생 그 릇 따 라
화 장 세 계 열 어 놓 고

B♭ Gm Asus4 A
구 제 를 할 때 –
교 화 를 할 때 –
노 래 를 하 며 –
Gm Dm A
갖 은 방 편 어 려 움 도
제 안 경 에 갖 은 시 비
춤 을 추 는 이 환 희 를
Dm A/C♯ Dm
Fine
웃 어 넘 는 스 – 승 님 –
웃 어 넘 는 스 – 승 님 –
함 께 하 잔 스 – 승 님 –
1.2 = 1절 3 = 2절

# 섬진강 소촌

작사 문재현
작곡 배신영
노래 채연희
Slow GoGo ♩ = 84
광양-포구 팔십-리의 거룻배에몸을신 고
하동-포구 팔십-리에 거룻배를띄워놓 고
석양노을 고운빛에 물새도맘 읽누 나
노을들어 법문하니 어우러진 웃음이 네
광양하동 어우름의 한결같은섬 진강 은
이위력이 세상그늘 모두거둬 열린세 상
머언머언 그날에도 오늘처럼-흐르리 라
평등낙원 누림으로 노래하며-살게되 리
우리도저런맘 길이지녀 누리며사 세
그날을위한삶 모두함께 노력해사 세
Fine

# 권수가 1

작사 문재현
작곡 배신영
노래 채연희

Am G Em G
이룰듯하다가 놓쳤으니- 하루하루가 태산만같게
어 찌아 니 슬플쏜가- 숙-명적인 인과라해도
Em Am D G D
커져만- 가는게 의심일세- 얼 씨구 나 좋 다-
극복해-넘기에 어려웁네- 얼 씨구 나 좋 다-
Em C G Em
지 화 자 좋 네- 아니닦지는 -코러스-
지 화 자 좋 네- 아니닦지는
Am D G
못- 하 리- 라-
못- 하 리- 라-
Fine

# 권수가 2

작사 문재현
작곡 배신영
노래 채연희

Am G Em G
두타의수 행을 인내로써 하루하루를 수행해왔던
역-대조-사 무공적의 명-월삼경 이좋은밤을
Em Am D G D
결실로-얻어진 과위라네 얼씨구나 좋다
두둥실-두둥실 즐겨보세 얼씨구나 좋다
Em C G Em
지 화 자 좋 네 아니닦지는
-코러스-
지 화 자 좋 네 아니닦지는
Am D G
못- 하리- 라
못- 하리- 라
Fine

# 우란분재일

작사 문재현
작곡 배신영
노래 채연희

# 고맙습니다

작사 문재현
작곡 배신영
노래 채연희

# 믿음으로 여는 세상

작사 문재현
작곡 배신영
노래 채연희

# 출가재일

작사 문재현
작곡 배신영
노래 채연희
Moderato ♩= 106
A
Gm Cm B♭ D
Gm G/B Cm A♭ D
B
Gm Cm B♭ D
장 하 십 니 다 장 하 십 니 다
장 하 십 니 다 장 하 십 니 다
Cm D Gm
그 의 지 가 장 하 십 니 다
갖 은 역 경 부 딪 쳐 서 도
Gm F/A B♭ D7
이 세 상 의 모 든 사 람 탐 을 내 는 왕 의 지 위 와
초 지 일 관 변 함 없 음 우 러 러 서 존 경 합 니 다
Cm Gm A♭ D
왕 비 와 의 궁 중 낙 을 미 련 없 이 버 리 시 고
나 밖 에 서 찾 으 려 는 어 리 석 음 버 리 고 서
Gm D B♭ D
고 - 행 수 - 도 하 겠 다 한 - 굳 은 의 지 머 리
내 - 안 에 - 서 찾 으 려 한 - 깨 침 향 한 굳 은
D Gm D7 Bis G B
숙 여 찬 탄 합 니 다 찬 탄 합 니 다
의 지 찬 탄 합 니 다 찬 탄 합 니 다
Fine

# 염 원

작사 문재현
작곡 배신영
노래 채연희

Moderato GoGo ♩ = 114

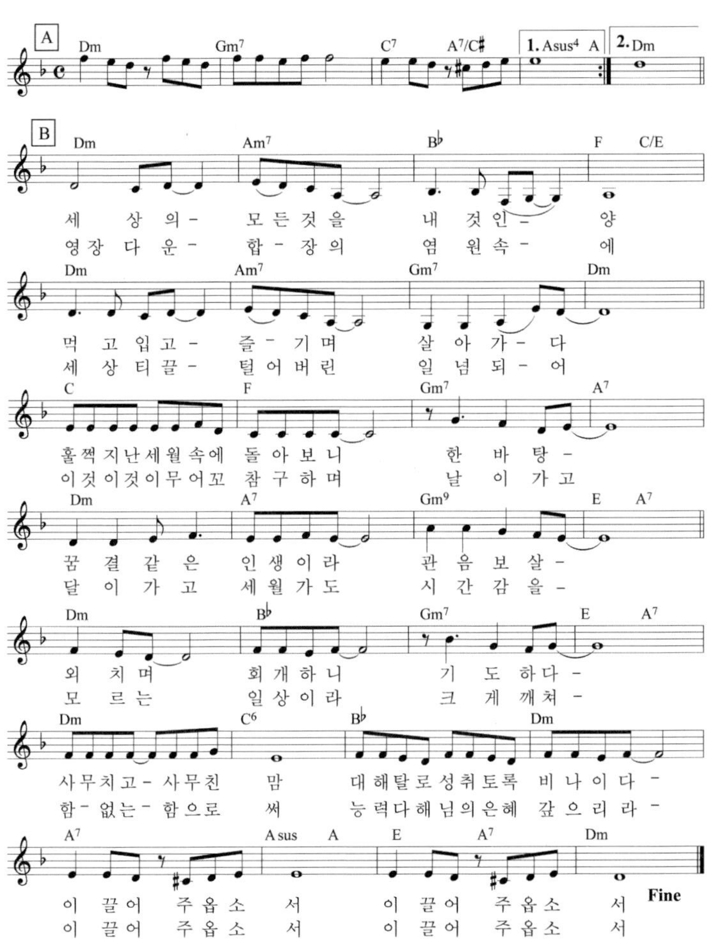

# 우리네 삶, 고운 수로

작사 문재현
작곡 배신영
노래 채연회

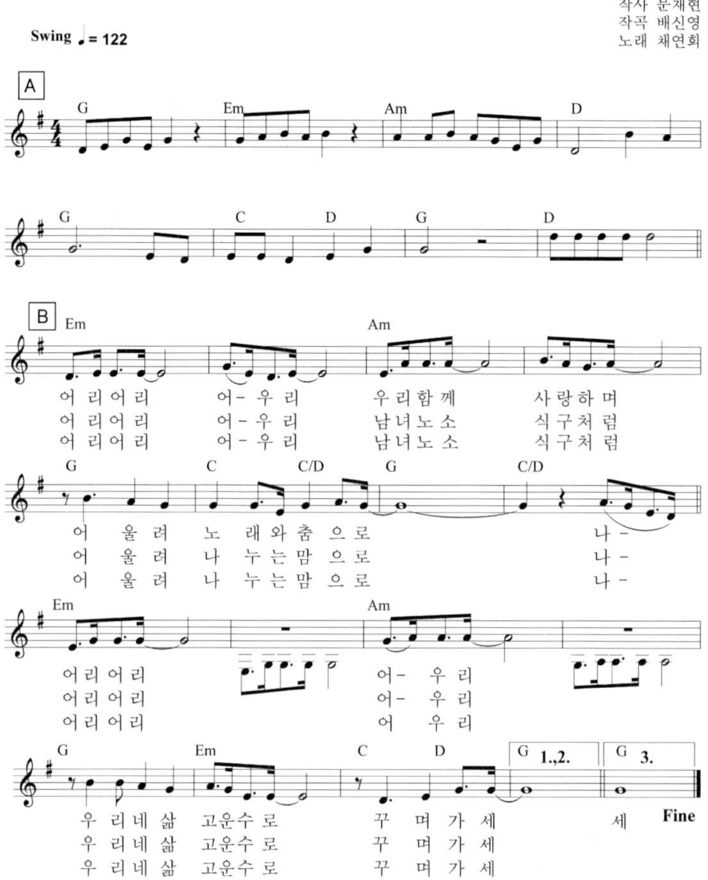

# 숲속의 마음

작사 문재현
작곡 배신영
노래 채연희

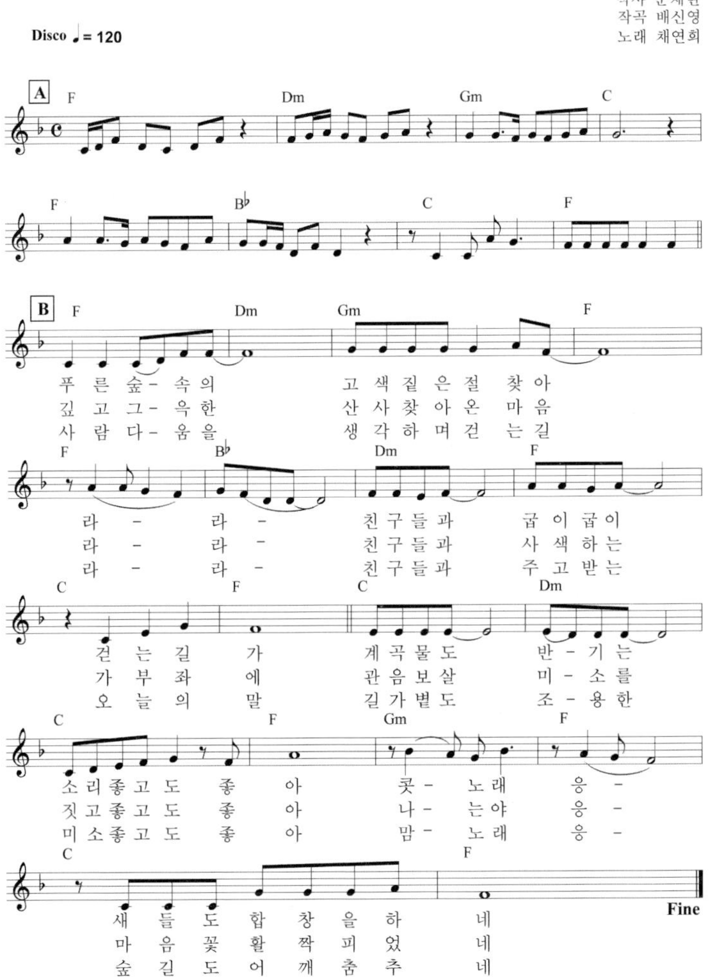

# 사 색

작사 대원 문재현
작곡 배신영

# 천부경을 아시나요

작사 대원 문재현
작곡 배신영

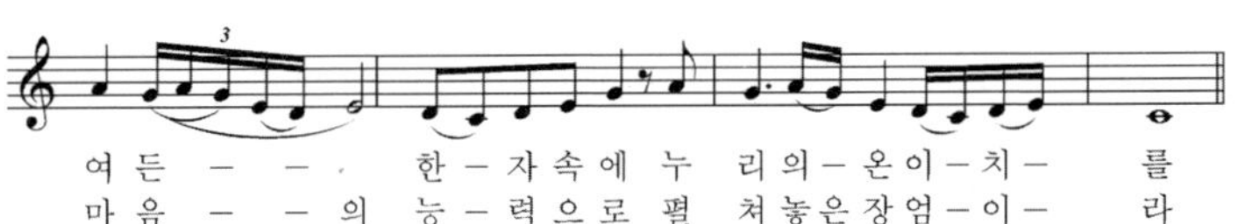

# 보 살 가

작사 대원 문재현
작곡 김동환

너무느리지않게 ♩= 80

이세계저세계서 닦았던보현행을 영원히펼치 - 리

## 님은 아시리

1 부

1. 사계절의 풍광인들 위로되겠니
서사시의 음률인들 쉬어지겠니
뜻과 같이 되지 않아 기도에 젖은
이 마음 님은 아시리
한 세상 열정 쏟아 닦는 수행길
불보살님 출현하셔 베푼 자비에
모든 망상, 모든 번뇌 없었으면 좋으련만
마음대로 안 되는 게 수행이더라, 수행이더라

2. 사계절의 풍광인들 위로되겠니
서사시의 음률인들 쉬어지겠니
뜻과 같이 되지 않아 기도에 젖은
이 마음 님은 아시리
청춘의 모든 욕망 사뤄버리고
회광반조 촌각 아낀 열정 쏟아서
이룬 선정 그 효력이 있었으면 좋으련만
마음대로 안 되는 게 보림이더라, 보림이더라

3. 사계절의 풍광인들 위로되겠니
서사시의 음률인들 쉬어지겠니
뜻과 같이 되지 않아 기도에 젖은
이 마음 님은 아시리
억겁의 모든 습성 꺾어보려고
갖은 노력 갖은 인내 온통 쏟아서
세월 잊은 보림 성취 있었으면 좋으련만
마음대로 안 되는 게 성불이더라, 성불이더라

2 부

1. 사계절의 풍광인들 비유되겠니
가릉빈가 음률인들 비교되겠니
뜻과 같이 자유자재 베풀어놓고
한없이 즐기시련만
그러한 대자유의 삶을 접고서
중생들을 구제하려 삼도에 출현
갖은 역경 어려움을 감내하는 자비로써
깨워주는 그 진리에 눈을 뜨거라, 눈을 뜨거라

2. 사계절의 풍광인들 비유되겠니
가릉빈가 음률인들 비교되겠니
뜻과 같이 자유자재 베풀어놓고
한없이 즐기시련만
억겁을 다하여도 끝이 없을 걸
알면서도 해내겠다 나선 님의 길
가시밭길 험난해도 일관하신 그 자비에
구류중생 깨달아서 정토 이루리, 정토 이루리

3. 사계절의 풍광인들 비유되겠니
가릉빈가 음률인들 비교되겠니
뜻과 같이 자유자재 베풀어놓고
한없이 즐기시련만
낙원의 모든 즐김 떨쳐버리고
삼악도를 낙원으로 이뤄놓겠다
촌각 아낀 그 열정에 모두 모두 감화되어
이 땅 위에 님의 소원 이뤄지리라, 이뤄지리라

## 불보살의 마음

1. 자비, 그 자비는 눈물이었네
   불나방이 불을 쫓듯 가는 이
   그래도 못 잊어서 버리지 못해
   저리는 저리는 가슴, 그 가슴 안고서
   눈물, 피눈물로 저리 부르네

2. 자비, 그 자비는 눈물이었네
   제 살 길을 저버리는 이들을
   그래도 못 잊어서 버리지 못해
   저리는 저리는 가슴, 그 가슴 안고서
   눈물, 피눈물로 저리 부르네

## 나의 노래

1. 노세 노세 봄놀이하세
   대천세계 이 봄 경치
   한산 습득 친구삼아
   호연지기 즐겨볼까
   얼씨구나 절씨구
   아니나 즐기고 무엇하리

2. 노세 노세 봄놀이하세
   걸음 좇아 이른 곳곳
   문수보현 벗을 삼아
   화엄광장 춤춰볼까
   얼씨구나 절씨구
   아니나 즐기고 무엇하리

## 잘 사는 게 불법일세

1. 잘 사는 게 불법일세
우리 모두 관음보살 지장보살 생활 속에 모시면서
마음 비운 나날들로 바른 삶을 하노라면
불보살님 가피 속에 뜻 이뤄서 꽃을 피운
그런 날이 있을 걸세

2. 잘 사는 게 불법일세
우리 모두 관음보살 지장보살 생활 속에 모시면서
마음 비워 살아가며 시시때때 잊지 말고
참나 찾아 참구하는 그 정성도 함께 하면
좋은 소식 있을 걸세

3. 잘 사는 게 불법일세
우리 모두 관음보살 지장보살 생활 속에 모시면서
틈틈으로 회광반조 사색으로 참나 깨쳐
화장세계 장엄하고 얼쉬얼쉬 어울리며
영원토록 웃고 사세

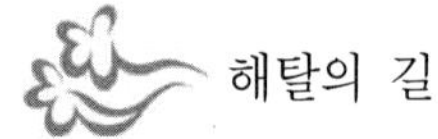

## 해탈의 길

- 타령조로

1. 백짓장 한 장도 가리운 것 없는 것을
그리도 몰라 여섯 갈래 떨어져서
그 처참한 갖은 고통 날로 날로 겪는다는 말이런가

백짓장 한 장도 설 수 없는 것이라서
모를 뿐이라 어려울 것 없는 것을
제 능력에 제가 속은 고통에서 벗어나지 못하누나

백짓장 한 장 그런 말도 비운 거기
조용하게 비추어 보아 사무쳐들 보게나
끝이 없는 윤회길의 모든 고통 벗어나는 길이로세

2. 백짓장 한 장 벗겨낼 일도 없이
천연으로 내게 있어 본래 대자윤데
억겁 속을 속박 고통 겪었구나
얼씨구나 절씨구나 좋고 좋네

백짓장 한 장 만한 것도 얻음 없이
이리 만족 하는 것을 두고
유구세월 걸인생활 하였구나
얼씨구나 절씨구나 좋고 좋아 좋고 좋네

백짓장 한 장 옮김 없이 이른 낙원
이 행복을 모두 함께 누려 지상낙원 되는 날을
하루라도 앞당겨서 크고 크신 님의 은혜 갚아보세

## 우리 모두

우리 모두 만난 인생 즐겁게 살자
부딪치는 세상만사 웃으며 하자
인연으로 어우러진 세상사이니
풀어가는 삶이어야 하지 않겠니
몸 종노릇 하는 사이 맘 챙겨 살자
맑고 맑은 가을 허공 그렇게 비워
명상으로 정신세계 사무쳐보자
언젠가는 깨쳐 웃는 그날이 오리
한산 습득 껄껄 웃는 그러한 웃음
웃어가며 모든 일을 대하는 날로
활짝 펼쳐 어우러진 그러한 삶을
우리 모두 발원하며 즐겁게 살자

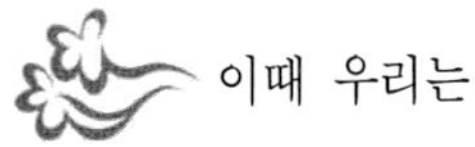

## 이때 우리는

1. 화산의 폭발로 해서 사람들과 모든 것이 용암펄로 화해버린
이 막막한 우리들을 올바르게 영원으로 끌어주실
성인중의 성인이신 불보살님 나라에 가 나는 게 꿈이네

2. 태풍이 인가를 덮쳐 다정했던 이웃들은 간 곳 없고
어지러운 벌판 되어 처참하고 참담하기 그지없는 무상한
이 현실에 의지할 분 생명 밝혀 영원케 한 부처님 뿐이네

3. 지진이 우리의 삶을 삼켜버려 초토화가 되어버린
허망하기 그지없는 우리들의 현실에선 사방천지 둘러봐도
의지해야 할 분은 자신 깨쳐 누리라 한 부처님 뿐이네

## 닮으렵니다

관세음보살 관세음보살
지극한 마음으로 닮으려고
오늘도 노력하며 주어진 일을 하면
하루가 훌쩍 가는 줄도 모른다오
관세음 관세음보살
님께서 베푸는 그 넓은 사랑을
이 맘 속에 기르고 길러서
실천하는 그런 장부 되어서
큰 은혜 갚을 겁니다

## 사람다운 삶

1. 사람이 사람다운 사람이 되려면
명상으로 비우고 비워서
고요의 극치에 이르러
자신을 발견한 슬기로써
마음을 다스리는 연마 후에
그 능력으로 모두가 살아가야
평화로운 세상이 활짝 열려
모두 함께 누릴 걸세

2. 서로가 다툼 없이 서로를 아껴서
마음으로 베풀고 베푸는
사회로 이루어 간다면
낙원이 멀리만 있는 것이 아니라
살고 있는 이대로가 낙원이란 걸
모두가 실감하는
우리들의 세상이 활짝 열려
모두 함께 누릴 걸세

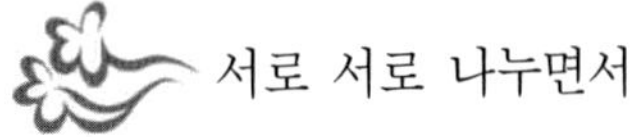

## 서로 서로 나누면서

버들 푸르고 꽃 만발하고 나비 춤이더니
녹음이 우거지고 매미들의 노래 가득한 천지
울긋불긋 고운 단풍 어제인 듯한데 눈이 오네
우리 모두의 삶 저러하고 저렇지 않던가
보기도 아까웁고 소중한 형제 자매들이니
서로 서로 나누면서 짧은 우리네 삶을 즐기세

## 즐거운 마음

- 흥겹게 부를 노래

1. 우리 모두 선택 받은 제자 되어
즐거운 맘 하나 되어 축하합니다
그 무엇을 이룬들 이리 좋으며
황금보석 선물인들 이만하리까
부처님의 가르침만 따르오리다
실천하리라 실천하리라

2. 부처님의 뒤 이을 결 맹세하며
다짐으로 즐기는 맘 가득합니다
당당하게 행보하는 구세의 역군
혼신 다해 낙원 이룬 이 세계에서
함께 사는 즐거움을 생각하며
노래합니다 노래합니다

## 지장보살

지장보살 두 눈의 흐르는 눈물
마르실 날 언제일까 생각하고 또 생각해도
이 세상의 사람들이 멀어지게만 하고 있네요
보살님 어찌해야 하오리까
반야의 실천으로 최선 다해 돕는다면
안 되는 일 있으리까
대원본존 지장보살 나무 지장보살

## 바른 삶

1. 어디 어디 어디라 해도
   마음 찾아 바로만 살면
   그곳 바로 극락이라네
   세상분들 귀담아 듣고
   사람 몸을 가졌을 때에
   모든 고비 극복해내서
   참선으로 참나를 깨쳐
   걸림없는 해탈의 세상
   누려보세 누려들 보세

2. 어둔 곳에 태양이 뜨듯
   중생계에 불타 출현해
   바른 삶에 인도를 하셔
   복된 날을 기약케 하니
   아니 아니 좋고 좋은가
   이 몸 주인 통쾌히 깨쳐
   억겁 업을 말끔히 씻고
   걸림없는 해탈의 세상
   누려보세 누려들 보세

## 선 승

토함산 소나무 위에 달빛도 조는데
단잠을 잊은 채 장승처럼 앉아있는
깊은 밤 선승의 그윽한 눈빛
고요마저 서지 못한 선정이라
대천도 흔적 없고 허공계도 머물 수 없는
수정 같은 광명이여, 화엄의 세계로세

## 수행과 깨침

1. 그릴 수도 없는 마음 만질 수도 없는 마음
찾으려는 수행이라 모든 것을 다 버리고
모든 생각 비우기를 몇천 번이었던가
머리 터져 피 흘려도 멈출 수가 없는 공부
이 공부가 아니던가

2. 놓지 못해 우두커니 장승처럼 뭐꼬 하고 앉았는데
앞뒤 없어 몸마저도 공해버린 여기에서 이러-한 채
시간 간 줄 모른 채로 눈을 감고 얼마간을 지나던 중
한 때 홀연 큰 웃음에 화장계일세

 맹 세

1. 내가 선택한 수행의 길에 나의 청춘을 묶었다
님 향해 눈 감고 합장에 담은 지극한 신심과 정성입니다
내 가슴에 못질을 하는 업심의 무게 속에서도
우리가 모신 스승님 자비 속에 눈물도 이젠 끝났다
너무도 쉽게 깨달아서 소중한지도 모르고
보림이 힘겨워 단 한 번도 감사하단 말도 못했네
백년도 우린 살지 못하고 이 몸은 흩어지지만
세세생생 우리 함께 하도록 열심히 정진하리라

2. 40여년쯤 지나 내 육신의 옷을 벗을 때가 되면
생사자재하여 스승님과 그 길을 함께 하리라
너무도 쉽게 깨달아서 소중한지도 모르고
보림이 힘겨워 큰 은혜에 감사하단 말도 못했네
백 년도 우린 살지 못하고 이 몸은 흩어지지만
세세생생 님의 은혜 갚는 길 온 중생 제도함이라
이 세상의 어떤 고난이 나를 막는다 하여도
내 전부인 오직 한 분 님 위해 살리라 님 위해 살리라

## 다시 올 수 없는 날

눈을 감은 합장으로 맹서합니다 언제나 같이 하길
모든 걸 버리고 출가를 했으니 기필코 성불하길
굳은 맹세를 하죠 일심기도를 하죠
내 생에 이처럼 의미깊은 날 다시는 올 수 없을 겁니다
스승님을 만난 걸 너무나 감사해요
이 생에서 생사자재하여 모두 함께 합시다
위로는 불지를 닦고 아래로는 교화를 하여
이 생에서 부처님의 크고 큰 은혜를 갚으리라

## 걱정 말라

1. 걱정 말라 걱정을 말라 불보살님 말씀대로만
 행한다면 안 풀리는 일 없다 하지 않았던가
 육근으로 보시를 하며 웃고 살자 웃고들 살자
 백년 미만 우리네 인생 세상 만사 마음먹기 달렸다고
 일러주시지 않았던가 걱정을 말라

2. 이리 봐도 저리를 봐도 모두 모두 내 살림일세
 간섭할 수 없는 내 살림 아니 아니 그러한가
 이리 펼치고 저리 펼쳐 육문으로 지은 복덕
 베푸는 맛이 아니 좋은가 우리 사는 지구인 별 함께 가꿔
 낙원으로 만들어서 살아들 보세

얼씨구나 절씨구나 한 판 놀음 덩실덩실 살아들 보세

## 따르렵니다

1. 우리 모두 합장 공경 하옵니다
크고 작은 근심 걱정 씻어주려
우릴 찾아 오셨으니 감사합니다 고맙습니다

2. 우리 모두 손에 손을 맞잡고서
즐거웁게 노래하고 춤을 추며
우리에게 오신 님을 경하합니다 축하합니다

3. 우리들의 깊은 잠을 깨워주셔
영생불멸 낙원의 삶 누리게끔
해주시려 오신 님을 공경합니다 따르렵니다

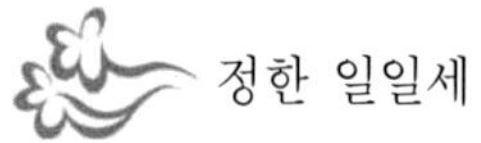

## 정한 일일세

우리네 삶이란 것
풀끝 이슬 아니던가
서로서로 위로하고 아끼면서
우리 모두 착한 삶이
이어져 가노라면
언젠가는 행복한
그날이 우리에게
찾아오는 것 정한 일일세
찾아오는 것 정한 일일세

 효

1. 아들 딸이 귀엽고 사랑스런 그 속에 우리들의 부모님
어려움에도 끝내 가르치고 기른 정 이제 읽으며
늦은 눈물로써 불초를 뉘우치며 맹세하고 다짐하는
아들 딸이 여기 있으니, 건강히 오래만 사시기를
손 모아 손을 모아 간절하게 바라고 또 바라는
기도를 하옵니다 부모님 입이 귀에 걸리시게 할 겁니다

2. 어렵고도 어려운 보릿고개 그 속에 우리들을 먹이고
가르치느라 정말 그 얼마나 고생이 되셨습니까
허리 두 끈들을 졸라맨 아픔으로 사셨죠
정말 정말 오래도록 건강하게만 계셔주신다면
아들 딸을 낳으시고 길러주신 그 노고에 크게 보답할 겁니다
아버님 어머님의 입이 귀에 걸리시게 할 겁니다

## 웃고 살자

1. 아하하하 우습다 아하하하 우스워
제 그림자 모르고 저라 하는 사람 보고 아니 웃고 울으랴
아하하하 우습다 아하하하 우스워
다섯 도적 종노릇에 헌신하는 사람 보고 아니 웃고 울으랴
아하하하 우습다 아하하하 우스워
저승세계 코앞인데 대비 없는 사람 보고 아니 웃고 울으랴
아하하하 우습다 아하하하 우스워
참나 찾지 아니하고 허송하는 사람 보고 아니 웃고 울으랴
아하하하 우습다 아하하하 우스워

2. 즐겁고도 즐겁다 즐겁고도 즐거워
좋은 인연 있었던가 거룩한 이 만나서 참나 찾은 이 행운이
즐겁고도 즐겁다 즐겁고도 즐거워
이 행운을 나 혼자서 누리기에 아쉬워 인도하려 나섰는데
즐겁고도 즐겁다 즐겁고도 즐거워
영원한 나 찾음으로 한순간에 성취한 낙원의 삶 권하나니
즐겁고도 즐겁다 즐겁고도 즐거워
우리 모두 다 함께 얼싸안고 누리는 그런 세상 노력하세
즐겁고도 즐겁다 즐겁고도 즐거워

# 바로보인의 책들

## 1. 바로보인 전등록 (전30권을 5권으로)

7불과 역대 조사의 말씀이 1,700공안으로 집대성되어 있는 선종 최고의 고전으로, 깨달음의 정수가 살아 숨쉬도록 새롭게 번역되었다.

464, 464, 472, 448, 432쪽.

각권 18,000원

## 2. 바로보인 무문관

황룡 무문 혜개 선사가 저술한 공안집으로 『전등록』, 『선문염송』, 『벽암록』 등과 함께 손꼽히는 선문의 명저이다.

본칙 48개와 무문 선사의 평창과 송, 여기에 역저자인 대원 문재현 선사의 도움말과 시송으로 생명과 같은 선문의 진수를 맛보여 주고 있다.

272쪽. 12,000원

## 3. 바로보인 벽암록

설두 선사의 『설두송고』를 원오 극근 선사가 수행자에게 제창한 것이 벽암록이다.

이 책은 본칙과 설두 선사의 송, 대원 문재현 선사의 도움말과 시송으로 이루어져, 벽암록을 오늘에 맞게 바로 보이고 있다.

456쪽. 15,000원

## 4. 바로보인 천부경

우리 민족 최고(最古)의 경전 천부경을 깨달음의 책으로 새롭게 바로 보였다. 이 책에는 81권의 화엄경을 81자에 함축한 듯한 천부경과, 교화경, 치화경의 내용이 함께 담겨 있으며, 역저자인 대원 문재현 선사가 도움말, 토끼뿔, 거북털 등으로 손쉽게 닦아 증득하는 문을 열어놓고 있다.

432쪽. 15,000원

## 5. 바로보인 금강경

대원 문재현 선사의 『바로보인 금강경』은 국내 최초로 독창적인 과목을 내어 부처님과 수보리 존자의 대화 이면의 숨은 뜻을 드러내고, 자문과 시송으로 본문의 핵심을 꿰뚫어 밝혀, 금강경 전체를 손바닥 안의 겨자씨를 보듯 설파하고 있다.

488쪽. 15,000원

## 6. 세월을 북채로 세상을 북삼아

대원 문재현 선사의 선시가 담긴 선시화집 『세월을 북채로 세상을 북삼아』는 선과 시와 그림이 정상에서 만나 어우러진 한바탕이다. 선의 세계를 누리는 불가사의한 일상의 노래, 법열의 환희로 취한 어깨춤과 같은 선시가 생생하고 눈부시게 내면의 소리로 흐른다.

180쪽. 15,000원

7. 영원한현실

애매모호한 구석이 없이 밝고 명쾌하여, 너무도 분명함에 오히려 그 깊이를 헤아리기 어려운, 대원 문재현 선사의 주옥같은 법문을 모아 놓은 법문집이다.

400쪽. 15,000원

8. 바로보인 신심명

신심명은 양끝을 들어 양끝을 쓸어버리는, 40대치법으로 이루어진, 3조 승찬 대사의 게송이다.

이를 대원 문재현 선사가 바로 번역하는 것은 물론, 주해, 게송, 법문을 더해 통쾌하게 회통하고 자유자재 농한 것이 이 『바로보인 신심명』이다.

296쪽. 10,000원

9. 바로보인 환단고기 (전5권)

『바로보인 환단고기』 1권은 민족정신의 정수인 환단고기의 진리를 총정리하여 출간하였다.

2권에는 역사총론과 태초에서 배달국까지 역사가 실려있으며, 3권은 단군조선, 4권은 북부여에서부터 고려까지의 역사가 실려있다. 5권에는 역사를 증명하는 부록과 함께 환단고기 원문을 실었다.

264 · 368 · 264 · 352 · 344쪽. 각권 12,000원

## 10. 바로보인 선문염송 (전30권 중 23권)

선문염송은 세계최대의 공안집이다. 전 공안을 망라하다시피 했기에 불조의 법 쓰는 바를 손바닥 들여다보듯 하지 않고는 제대로 번역할 수 없다. 대원 문재현 선사는 전 공안을 바로 참구할 수 있게끔 번역하고 각 칙마다 일러보였다.

352 368 344 352 360 360 400 440 376 392 384 428 410 380 368 434 400 404 406 440 424 460 472쪽

각권 15,000원

## 11. 앞뜰에 국화꽃 곱고 북산에 첫눈 희다

대원 문재현 선사의 선문답집으로 전강·경봉·숭산·묵산 선사와의 명쾌한 문답을 실었으며, 중앙일보의 <한국불교의 큰스님 선문답> 열 분의 기사와 기자의 질문에 대한 대원 문재현 선사의 별답을 함께 실었다.

200쪽. 5,000원

## 12. 바로보인 증도가

선종사에 사라지지 않을 발자취로 남은 영가 선사의 증도가를 대원 문재현 선사가 번역하고 법문과 송을 더하였다.

자비의 방편인 증도가의 말씀을 하나하나 쳐가는 선사의 일갈이야말로 영가 선사의 본의중과 일치하여 부합하는 것이라 아니할 수 없다.

376쪽. 10,000원

## 13. 바로보인 반야심경

이 시대의 야부 선사, 대원 문재현 선사가 최초로 반야심경에 과목을 붙여 반야심경 내면에 흐르는 뜻을 밀밀하게 밝혀놓고 거침없는 송으로 들어보였다.

200쪽. 10,000원

## 14. 선(禪)을 묻는 그대에게 (전10권 중 2권)

대원 문재현 선사의 선수행에 대한 문답집. 깨달아 사무친 경지에 대한 밀밀한 점검과, 오후보림에 대한 구체적인 수행법 제시와, 최초의 무명과 우주생성의 원리까지 낱낱이 설한 법문이 담겨 있다.

280쪽, 272쪽. 각권 15,000원

## 15. 바로보인 선가귀감

선가귀감은 깨닫고 닦아가는 비법이 고스란히 전수되어 있는 선가의 거울이라 할 만하다. 더욱이 바로보인 선가귀감은 매 소절마다 대원 문재현 선사의 시송이 화살을 과녁에 적중시키듯 역대 조사와 서산대사의 의중을 꿰뚫어 보석처럼 빛나고 있다.

352쪽. 15,000원

## 16. 바로보인 법융선사 심명

심명 99절의 한 소절, 한 소절이 이름 그대로 마음에 새겨두어야 할 자비광명들이다.
이 심명은 언어와 문자이면서 언어와 문자를 초월한 일상을 영위하게 하는 주옥같은 법문이다.

278쪽. 12,000원

## 17. 주머니 속의 심경

반야심경은 부처님이 설하신 경 중에서도 절제된 경으로 으뜸가는 경이다. 대원 문재현 선사의 선송(禪頌)도 그 뜻을 따라 간략하나 선의 풍미를 한껏 담고 있다. 하루에 한 소절씩을 읽고 참구한다면 선 수행의 지름길이 될 것이다.

84쪽. 5,000원

## 18. 바로보인 법성게

법성게는 한마디로 화엄경의 핵심부를 온통 훤출히 드러내놓은 게송이다. 짧은 글 속에 일체의 법을 이렇게 통렬하게 담아놓은 법문도 드물 것이다.
이렇게 함축된 법성게 법문을 대원 문재현 선사가 속속들이 밀밀하게 설해놓았다.

160쪽. 10,000원

## 19. 달다 - 전강 대선사 법어집

이제는 전설이 된 한국 근대선의 거목인 전강 선사님의 최상승법과 예리한 지혜, 선기로 넘쳤던 삶이 생생하게 담겨 있는 전강 대선사 법어집 < 달다 > !

전강 대선사님의 인가 제자인 대원 문재현 선사가 전강 대선사님의 법거량과 법문, 일화를 재조명하여 보였다.

304쪽. 15,000원

## 20. 기우목동가

그 뜻이 심오하여 번역하기 어려웠던 말계 지은 선사의 기우목동가!

대원 문재현 선사가 바른 뜻이 드러나도록 번역하고, 간결한 결문과 주옥같은 선송으로 다시 보였다.

146쪽. 10,000원

## 21. 초발심자경문

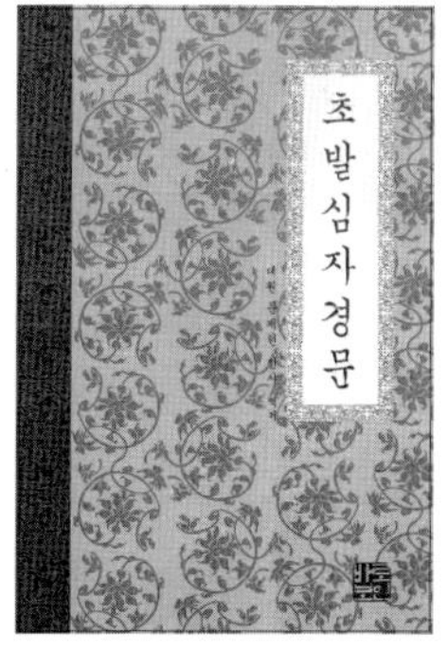


이 초발심자경문은 한문을 새기는 힘인 문리를 터득하게 하기 위하여 일부러 의역하지 않고 직역하였다.

대원 문재현 선사의 살아있는 수행지침도 실려 있다.

266쪽. 10,000원

## 22. 방거사어록

방거사어록은 선의 일상, 선의 누림을 보여주는 대표적인 선문이다. 역저자인 대원 문재현 선사는 방거사어록의 문답을 '본연의 바탕에서 꽃피우는 일상의 함'이라 말하고 있다. 법의 흔적마저 없는 문답의 경지를 온전하게 드러내 놓은 번역과, 방거사와 호흡을 함께 하는 듯한 '토끼뿔'이 실려 있다.

266쪽. 15,000원

## 23. 실증설

대원 문재현 선사가 2010년 2월 14일 구정을 맞이하여 불자들에게 불법의 참뜻을 보이기 위해, 홀연히 펜을 들어 일시에 써내려간 실증설. 실증한 이가 아니고는 설파할 수 없는 일구의 도리로 보인 1부와, 태초로부터 영겁에 이르는 성품의 이치를 낱낱이 법문으로 설한 2, 3부를 보아 실증하기를…

198쪽. 10,000원

## 24. 하택신회대사 현종기

육조대사의 법이 중국천하에 우뚝하도록 한 장본인, 하택신회대사의 현종기. 세간에 지해종도로 알려져 있는 편견을 불식시키는 뛰어난 깨달음의 경지가 여기에 담겨있다. 대원 문재현 선사가 하택신회대사의 실경지를 드러내고 바로보임으로써 빛냈다.

232쪽. 10,000원

## 25. 불조정맥 - 韓·英·中 3개국어판

석가모니불로부터 현 78대에 이르기까지 불조정맥진영(佛祖正脈眞影)과 정맥전법게(正脈傳法偈)를 온전하게 갖춘 최초의 불조정맥서. 대원 문재현 선사가 다년간 수집, 정리하여 기도와 관조 끝에 완성한 '불조정맥'을 3개국어로 완역하였다.

216쪽. 20,000원

## 26. 바른 불자가 됩시다

참된 발심을 하여 바른 신앙, 바른 수행을 하고자 해도, 그 기준을 알지 못해 방황하는 불자님들을 위해 불법의 바른 길잡이 역할을 하도록 대원 문재현 선사가 집필하여 출간하였다.

162쪽. 10,000원

## 27. 누구나 궁금한 33가지

21세기의 인류를 위해 모든 이들이 가장 어렵고 궁금해 하는 문제, 삶과 죽음, 종교와 진리에 대한 바른 지표를 제시하고자 대원 문재현 선사가 집필하여 출간하였다.

180쪽. 10,000원

## 28. 108진참회문 - 韓·英·中 3개국어판

전생의 모든 악연들이 사라져 장애가 없어지고, 소망하는 삶을 살게 하기 위해 대원 문재현 선사가 10계를 위주로 구성한 108 항목의 참회문이다. 한 대목마다 1배를 하여 108배를 실천할 것을 권한다.

170쪽. 15,000원

## 29. 달마의 일할도 허락지 않는다

대원 문재현 선사의 짧고 명쾌한 법문집. 책을 잡는 순간 달마의 일할도 허락지 않는 선기와 맞닥뜨리게 될 것이다. 때로는 하늘을 찌를 듯한 기세와, 때로는 흔적 없는 공기와도 같은 향기를 일별하기를…

190쪽. 10,000원

## 30. 마음대로 앉아 죽고 서서 죽고

생사를 자재한 분들의 앉아서 열반하고 서서 열반한 내력은 물론 그분들의 생애와 법까지 일목요연하게 수록해놓았다.

446쪽. 15,000원

### 31. 화두 - 韓 · 英 · 中 3개국어판

'화두'는 대원 문재현 선사의 평생 선문답의 결정판이다. 생생히 살아있는 선(禪)을 한 · 영 · 중 3개국어로 만날 수 있다. 특히 대원 문재현 선사의 짧은 일대기가 실려 있어 그 선풍을 음미하는 데에 큰 도움을 주고 있다.

440쪽. 15,000원

# 법문 MP3를 주문판매합니다

부처님의 78대손이신 대원(大圓) 문재현(文載賢) 전법선사님의 법문 MP3가 나왔습니다. 책으로만 보아서는 고준하여 알기 어려웠던 선문(禪文)의 이치들이 자세히 설하여져 있어서, 모든 궁금증을 시원하게 풀어줄 것입니다.

- 바로보인 천부경 : 15,000원
- 바로보인 금강경 : 40,000원
- 바로보인 신심명 : 30,000원
- 바로보인 법성게 : 10,000원
- 바로보인 현종기 : 65,000원
- 바로보인 법융선사 심명 : 100,000원
- 바로보인 반야심경 : 1회당 5,000원 (총 32회)
- 바로보인 선가귀감 : 1회당 5,000원 (총 80회 예정, 현재 77회)

## 대원 선사님 작사 노래 CD 주문판매합니다

• 가격 : 2만원

• 가격 : 1만5천원

문의 전화 ☎ 031-534-3373